JN071066

1日1分で
文章が 勝手に
うまくなる本

山口拓朗

SOGO HOREI PUBLISHING CO., LTD

はじめに

誰もが書く才能を持っている

　もしあなたが文章を書くことを苦手としているのならば、本書はあなたの人生を大きく変えるかもしれません。
　なぜなら**「書けない人」を「すらすら書ける人」へと変身させる本**だからです。
　ビジネス文書、論文、レビュー、ブログ、メール、SNS など、私たちが文章を書く機会は年々増えています。しかし、残念なことに「自分には書く才能がない」と思い込んで、なかなか書こうとしない人もいます。
　私は誰もが等しく"書く才能"を持っていると断言します。書けないと悩んでいる人も、単に文章を書くことの正体に気づいていないだけです。

自分との会話を楽しめる人は文章も書ける

　では、なぜ文章を書くことに苦手意識を持つのでしょうか？
　それは自分の中に文章力のタネがあることに気づいていないか、そのタネの見つけ方を知らないかのどちらかです。書けない人の特徴をひと言で表すならば「自分と

の会話が少ない」、つまり「自問自答をしていない」人です。

　一方で、書くことが得意な人はよく自問自答をしています。しかも、その自問自答を楽しんでいます。

「私でも自問自答できるかな……？」と不安に感じた人も、どうぞご安心ください。そんなあなたを、自問自答を楽しめる場所まで導くのが本書の役割です。早い人なら、読み始めたその日から成果が出始めます。

　私がこれまでに研修やセミナーを通じて書き方の指導を行ってきた受講者の中には、自問自答がうまくなったことで「文章嫌い」を克服し、文章を書くことが「好き＋得意」になった人が大勢います。Facebookやブログでの記事の投稿が楽しくなり、ついには出版まで実現した人もいます。**自問自答には、人生を変えるだけのパワーがあるのです。**

自問自答をくり返すうちに "書くプロ" へ！

　私は、記者・ライターとして、これまで25年間で3500件以上の取材・執筆を行ってきました。

　その間、付き合いのある編集者から、山口さんの文章は「伝わらない」「わかりにくい」「読みにくい」「説得力がない」「具体例に乏しい」など、ありがたくも厳しいご指摘を何度も受けてきました。心が折れそうになっ

たことは一度や二度ではありません。

　しかし、私はあきらめませんでした。文章術の本を100冊近く読み込んだほか、出版業界で高い評価を受けているライターや作家が書いた文章を手当たり次第に読みあさりました。また、編集者に「遠慮なく指導してほしい」と頼み込み、自分が書いた文章へのアドバイスをもらいました。

　それから、次第に文章作成の "コツ" をつかんでいったのです。

　今からあなたが私と同じことをすると時間がかかりますが、これからご紹介するコツを使えばあっという間に書けるようになります。

　人が自転車に乗れるようになるのは、理屈を知るからではなくコツをつかむからです。一度コツをつかんだら、転ぶことはまずありません。

　文章作成も同じです。**一度コツをつかんだら、一生楽しく文章を書き続けることができるようになります。**

「自問自答+5つのコツ」を体得しよう

　第1章では、そのコツの中でも最も効き目のある「自問自答の方法」をお伝えします。自問自答のやり方が身につくだけで、あなたの文章力は劇的に変化します。**自問自答に慣れてくると、悩まずにすらすらと文章が**

==書けるようになります。==

　第2章以降では、その自問自答を使いながら、効率よく文章力に磨きをかけるコツを身につけてもらいます。そのコツとは――

❶ 表現力を磨くコツ
❷ 具体的に書くコツ
❸ 簡潔に書くコツ
❹ 論理的に書くコツ
❺ 文章の型を使うコツ

　――の5つです。「自問自答＋5つのコツ」をつかんだとき、あなたの文章力は激変しているはずです。1日1分でOKです。「ゲーム感覚で問題を解いていたら、いつの間にか文章がうまくなっていた！」と驚く人もいるでしょう。

　そのほかにも、悪文（読みにくく理解しにくい文章）対策や文法・敬語のルールなど、伝わる文章を書くための「勘どころ」も押さえながら、総合的に文章力をアップします。

誰かと一緒に解くと、より効果が感じられる！

　この本は、実際に問題を解くことで自然と自問自答力が鍛えられます。スキマ時間や移動中にひとりで取り組

むのはもちろん、慣れてきたら家族や友人、会社の同僚など、誰かと一緒に取り組むと、その効果が一段とアップします。

　指導する立場にいる人であれば、本書に掲載している問題を、ぜひ研修などにお役立てください。学校の授業に取り入れていただくのもよいでしょう。

　くり返しになりますが、**文章を書くときに大事なのは、**「**自問自答を楽しむ**」ことです。
　本書を読み終えたとき、あなたの内側から「文章を書きたい！」という気持ちが芽生えてくるでしょう。その気持ちこそが、私からあなたへのプレゼントです。ぜひ笑顔で受け取ってくださいね。

　さあ、準備はよろしいですか？　いざ、スタートです！

CONTENTS

はじめに … 003

第1章
99％の人が知らない文章作成の基本

質問がうまくなると、伝わる文章が書ける … 014
質問力を高める質問とは？ … 020
実際に自問自答をしてみよう … 026
自問自答しながら文章を書いてみよう … 031
人に教えると、自分の文章力も高まる … 036
第1章のまとめ … 040

第2章
ひと言コメントトレーニング

「ひと言コメント」で文章センスを磨く … 042
解答例 … 047
第2章のまとめ … 050

第3章
作文トレーニング

自分の体験を書く … 052
解答例 … 054
自己紹介文を書く … 056
解答例 … 058
何かにたとえて書く … 060
解答例 … 062
第3章のまとめ … 064

第4章
妄想トレーニング

妄想する力をつける … 066
解答例 … 070
第4章のまとめ … 074

第5章
6コマ漫画トレーニング

つなげて整える力を身につける … 076
解答例 … 082
第5章のまとめ … 084

第6章
説明トレーニング

決まった名称を使わずに説明する … 086
解答例 … 089
第6章のまとめ … 092

第7章
言い換えトレーニング

別の言葉で言い換える … 094
解答例 … 096
読者ターゲット別に言い換える … 098
解答例 … 100
第7章のまとめ … 102

第8章
穴埋めトレーニング

最適な接続詞を選ぶ … 104
解答例 … 106
正しく伝わる日本語に直す … 108
解答例 … 114
第8章のまとめ … 120

第9章
伝達トレーニング

一文を短くする … 122
解答例 … 125
読みにくい文章を読みやすくする … 128
解答例 … 132
第9章のまとめ … 136

第10章
構成トレーニング

文章を並び替えて流れをよくする … 138
解答例 … 143
段落を意識して文章を書く … 149
解答例 … 152
第10章のまとめ … 156

第11章
敬語トレーニング

謙譲語や尊敬語に言い換える … 158
解答例 … 162
第 11 章のまとめ … 166

第12章
論理的に書くトレーニング

イラストや図表を文章で正しく説明する … 168
解答例 … 174
第 12 章のまとめ … 182

第13章
卒業トレーニング

キャッチコピー力をつける … 184
解答例 … 193
第 13 章のまとめ … 197

おわりに … 198

ブックデザイン　　　別府拓（Q.design）
イラスト　　　　　　しゅんぶん
図表・DTP　　　　　横内俊彦
校正　　　　　　　　青木利枝

第1章

99%の人が
知らない
文章作成の基本

質問がうまくなると、伝わる文章が書ける

「自問自答」で文章は上達する

　私は25年以上、文章の書き方を研究・指導してきて感じることがあります。

　それは、**「文章作成が得意な人は、質問がうまい」** ということです。彼らは名インタビュアーなのです。

「インタビュー？　質問することと文章を書くことは関係があるの？」

　そう首をかしげる人もいるかもしれません。しかし、実際のところ、**文章を書くことと質問することは「一心同体」と言ってもいいくらい密接な関係にあります。**

　たとえば、次のように自分の職業について書くとき、書き手は頭の中でどのようなことを考えているでしょうか？

例文❶

　私は小学校の教師です。教師になったのは、小学5年生のときの担任の影響です。その先生は、勉強が苦手で

悩んでいた私に、勉強の楽しさとやり方を親切に教えてくれました。「いつか私も先生になりたい」と思うようになったのは、その頃からです。

....

　この文章の書き手は、**自分自身に質問（自問）をしています**。

「私は文章を書くときに自問なんてしていないよ」
　このように思った人でも、意識していないだけで自問しています（頭の中で行っているため、気づきにくいだけなのです）。

　つまり、**すでにあなたの頭の中では、文章を書く準備ができている**のです。あとは、これまで無意識に行ってきた自問自答を意識的に行うことで、文章力をどんどんアップさせることができます。

　自問　なぜ教師という仕事を選んだのですか？

　例文❶の書き手は、自分自身にこのような質問をしています。そして質問への答え（自答）を出し、文章化した、というわけです。

「なぜ教師という仕事を選んだのですか？」という自問

をしなければ、教師になった理由を語ることはできません。質問を考え自問自答した結果、理由を書くことができたのです。

　このように、文章を書くときは、自分に質問することが欠かせません。

文章のテーマに対して

読者が知りたい情報はなにか想像する

読者の興味を引く文章になる

　日記を書く場合、自分しか読まないため好き勝手に書いても構いません。しかし、人に読ませる文章の場合はそれではいけません。正しく伝わらないからです。
　大切なのは、「何を書けば、読み手（読者）は興味を

持ってくれるだろうか？」と考えたうえで、**読者の代わ
りに質問すること**です。

　たとえば、あなたが感動するほどおいしいラーメンを
食べたとします。そのエピソードを書く前に、読者がど
んな話を聞きたがるかを想像してみるのです。

「『どんなスープですか？』と聞きたいのではないか」
と思ったなら、「魚介系塩スープでした」と書くことに
よって読者に喜ばれます。「『どこで食べたの？』と聞き
たいのではないか」と思うのであれば、お店の名前や行
き方を書くことによって読者の興味を引くでしょう。

　読者はあなたに何を聞きたがっていると思いますか？
**あなたの自問が、読者の興味と一致していればいるほど、
読者の興味・関心を引く文章に近づきます。**

例文❷

　昨夜食べたローストポークは、文句なしのおいしさで
した！　やわらかい国産豚ロースから染み出るジュー
シーな肉汁と、天然塩＆ハーブ（ローズマリー）の味つ
けのバランスが絶妙でした。

　この文章の裏にも、もちろん自問が存在します。

自問❶　昨日食べたローストポークは、
　　　　　おいしかったですか？

自問❷ 具体的にどんなおいしさでしたか？

　これらの自問に答えることによって、具体的に味を表現することができたのです。

　さらにいくつかの例文と、それを書くうえで想定される自問を挙げます。

例文❸

　風邪薬の使いすぎには注意が必要です。なぜならば、人間が本来備えている自然治癒力を低下させてしまう危険性があるからです。

自問 風邪薬の使いすぎについてどう思いますか？
　　　 その理由も教えてください！

例文❹

　田舎暮らしの魅力は、豊かな自然の中でストレスのない生活が送れることです。欠点は、映画館などの文化的な施設が少ないほか、買い物の利便性が悪いことです。

自問❶ 田舎暮らしの魅力はなんですか？
自問❷ 田舎暮らしの欠点はなんですか？

例文❺

　今回のイベントにお越しいただいた方には、特典としてベストセラー商品「マング」の限定バージョンをプレゼントします。

自問❶　今回のイベントに参加した人たちに
　　　　何かプレゼントはありますか？

自問❷　あるとしたら、どんなプレゼントですか？

　このように、文章の裏には必ず自問が存在します。どんどん自問できるようになると「何を書けばいいのだろう？」と悩む状態から脱することができます。

　また自問の仕方次第で、文章がすらすらと書けるようになるでしょう。これは文章を書く能力を上げるうえで、とても重要なポイントです。

　文章力アップの最大の秘訣は自問自答すること、つまり、**自分とのコミュニケーションにある**のです。

質問力を高める質問とは？

「フレーム質問」と「スコップ質問」

　自問自答が大切だということは、前の項目で理解していただけたと思います。では、どうすれば自分に的確な質問ができるようになるのでしょうか。

　質問には「フレーム質問」と「スコップ質問」があります。フレーム質問は簡単に答えられる基本的な質問で、スコップ質問は物事を掘り下げるための質問です。スコップ質問に答えるためには、時間と労力がかかります。

　自己紹介をする際に次の質問例が想定されます。

フレーム質問例

自問❶ 年齢はいくつですか？
自答❶ 35歳です。

自問❷ 結婚はしていますか？
自答❷ はい、しています。子どもも2人います。

自問❸ 仕事は何をしていますか？

自答❸ 食品メーカーで商品開発をしています。

....

スコップ質問例

自問❹ 仕事の目標はありますか？

自答❹ はい、世の中の人が安心して食べられる「無添加食品」を開発することです。

....

自問❺ 無添加食品が増えると、世の中はどう変わりますか？

自答❺ 安心・安全な食品が増えて、健康被害や病気を減らすことができます。その結果、日本人の健康寿命も延びるでしょう。

....

自問❻ 仕事で得た宝物はありますか？

自答❻ はい、あります。最大の宝物は「人を信じる力」です。商品開発はひとりではできません。研究、製造、営業、マーケティング、宣伝、商品管理など、さまざまな部署と連携を図る必要があります。そのときに一番大事なことが「相手を信じること」なのです。自分を信じてもらいたければ、まずは相手を信じる。これが、仕事の経験から学んだことのひとつです。

....

スコップ質問に文章力アップのヒントがある

　フレーム質問に答えることは難しくありません。なぜならば質問の内容が、前ページのように年齢や仕事、配偶者の有無など、事実を確認するものに限定されているからです。

　フレーム質問に対する答え（自答❶～❸）をつなげるだけで、以下のような文章ができ上がります。

自答❶～❸をつなげた文章

　私は35歳です。 **自答❶**

　妻と2人の子どもがいます。 **自答❷**

　現在、食品メーカーで商品開発をしています。 **自答❸**

　一方、物事を掘り下げるスコップ質問に答えるのはラクではありません。中には、普段から考えを整理しておかないと答えにくいものや、答えるのに骨が折れるものもあるからです。

　「答えにくい質問」だからダメ、ということではありません。

　むしろその逆です。**答えにくい質問があるからこそ、鋭く、深く、読み応えのある文章を書くことができる**のです。

「スコップ質問をするのは難しそう……」と思った人のために、少し質問のヒントをお伝えします。

理由・根拠を聞く質問

　○○の理由はなんですか？

手段や方法を聞く質問

　○○はどうやって行うんですか？

目標や夢を聞く質問

　○○の目標（夢）はなんですか？

手に入れたものを聞く質問

　○○をすることで手に入れたものはなんですか？

苦労したことを聞く質問

　○○をすることで苦労したことはなんですか？

未来の姿・様子を聞く質問

　それをすると、○○はどうなりますか？

　いずれも物事を掘り下げる質問で、答える人によって答え方がいくつもあります。これらを参考に、自分なりのアレンジを加えて自問してみましょう。興味本位でもOKです。慣れるまでは、いろいろな質問をぶつけることが大切です。

　では、先ほどのフレーム質問の答えに、スコップ質問の答え（自答❹〜❻）を組み合わせてみます。答えをつなげていくだけで、文章ができ上がります。

　私は 35 歳です。　自答❶

　妻と 2 人の子どもがいます。　自答❷

　現在、食品メーカーで商品開発をしています。
自答❸

　仕事で目指しているのは、世の中の人が安心して食べられる「無添加食品」を開発することです。　自答❹

　安全な無添加食品が増えれば、健康被害や病気を減らすことができ、日本人の健康寿命が延びると考えています。　自答❺

　この仕事を通して、私は大きな宝物を得ることができました。それは、「人を信じる力」です。商品開発は、決してひとりではできません。各部署のさまざまな人たちと連携を図る必要があります。このとき大事にしているのが「相手を信じること」です。自分を信じてもらいたければ、まず相手のことを信じる。これが、仕事の経験から学んだひとつの真理です。　自答❻

　質問の答えのうち「どこ」を「どれだけ」使うかは、書く文章の種類や目的、文量などによって変わります。フレーム質問の答えだけで事足りることもあれば、スコップ質問の答えが必要となることもあるでしょう。

スコップ質問が人生を左右する

　履歴書やエントリーシートのように、自分の強みや特徴を打ち出す必要がある場合、スコップ質問の答えが合否をわける境目となるかもしれません。**ここぞという"勝負文章"では、スコップ質問が威力を発揮する**のです。

　粘り強く自問自答できるようになると、自分が書く文章を自在に操れるようになるため、書くことが楽しくて仕方なくなります。あなたもその境地を目指してみませんか？

　１日１分からで大丈夫です。文章を書く・書かないにかかわらず、自問自答を心がけてみてください。自問自答が習慣化すると、読み手に伝わる文章がすらすらと書けるようになります。

実際に自問自答を
してみよう

自問自答が自然とできるようになる方法

　自問自答は、あらゆる文章を書くときに応用できます。慣れるまでは、次のようなフォーマットを使うと書きやすいでしょう。

テーマ「　　　　　　　　　　　　　　　　　　　」	

質問❶	質問❷
答え	答え
質問❸	質問❹
答え	答え

　たとえば、あなたが映画『アナと雪の女王』（アナ雪）の感想文を書くとします。その際にはフレーム質問から自問をスタートして、その後、スコップ質問をしましょう。

　次の表の質問❶〜❺がフレーム質問、質問❻〜❽がスコップ質問です。

テーマ「　　映画『アナと雪の女王』の感想文　　」

質問❶ いつ観ましたか？	質問❷ どこで観ましたか？
答え 　昨夜です。	答え 　自宅（DVD鑑賞）です。
質問❸ この映画の概要はなんですか？	質問❹ なぜこの映画を観たんですか？
答え ディズニーの3Dアニメ映画。演出はミュージカル仕立てで、数年前に、日本を含む世界中で大ヒットを記録しました。	答え 「公開当時に映画館で観たときの感動を再び味わいたい」と思い、珍しくレンタルショップに走りました。

質問❺ 率直にどう思いましたか？
答え 　アナ雪はやっぱりいい映画！　最高でした！　劇場で観たときと同じ感動を味わうことができました。

質問❻ よかったシーンはどこですか？　その理由も教えてください！
答え
エルサが氷の彫像と化したアナを抱きしめ、凍りついたアナの身体が元に戻ったシーンは感動しました。このときエルサは、思いやりこそが「真実の愛」だと気づきました。私自身も、周りの人につい反抗してしまうことが多いので、これからは、もう少し思いやりを持って接しようと思いました。
質問❼ この映画は、自分の人生にどんな影響をもたらしましたか？
答え
この映画の主題歌『レット・イット・ゴー〜ありのままで〜』の「ありのままの自分を肯定する」というテーマに影響を受けました。他人の目を気にせずに、自分らしく生きられるようになりました。
質問❽ この映画を誰におすすめしたいですか？
答え
他人のペースに合わせて生きている人や、ネガティブに考えやすい人に観てほしいです。きっと元気と勇気をもらえます。

　興味深い感想文にするためには、とくにスコップ質問が重要です。

　たとえば、質問❼の「この映画は、自分の人生にどんな影響をもたらしましたか?」などは、その人自身の素顔や人生観をあぶり出す質問のため、即答しにくいかもしれません。

　しかし、このような難しい質問に答えられるようになると、読み応えのある文章が書けるようになります。

　では、自答をつなげて文章を書いてみましょう。

自答❶～❽をつなげて書いた文章

　昨夜 **自答❶** 、自宅で『アナと雪の女王』（アナ雪）を鑑賞しました。 **自答❷**

　数年前に日本を含む世界中で大ヒットを記録したディズニーの 3D アニメ映画です。 **自答❸**

「公開当日に映画館で観たときの感動を再び味わいたい！」と思い立ち、私としては珍しく DVD レンタルショップへ走りました。 **自答❹**

　久しぶりのアナ雪……やっぱり最高でした！ **自答❺**

　とくに好きなのが、主人公の姉・エルサが、氷の彫像と化した妹・アナを抱きしめるシーンです。凍りついたアナの身体が元に戻ったときは思わず号泣してしまいました。

　思いやりこそが「真実の愛」だったとエルサは気づきます。私自身も、周りの人に反抗してしまうことが多いので、これからはもう少し思いやりを持って接しようと思いました。 **自答❻**

　また、アナ雪の主題歌『レット・イット・ゴー〜ありのままで〜』も素晴らしいです。曲はもちろん、歌詞も大好きです！　この曲のテーマである「ありのままの自分を肯定する」という考え方に改めて共感しました。

　はじめてアナ雪を観て以来、他人の目を気にせずに生きられるようになりましたが、久しぶりにこの歌を聴いて、「もっともっと自分らしく生きよう」と思いました。 **自答❼**

まだこの映画を観たことのない人で、「他人のペースに合わせてしまいやすい人」や「ネガティブに考えやすい人」がいたら、ぜひこの映画を観て、元気と勇気をチャージしてもらいたいです。 自答❽

　いかがでしょうか。質問❶〜❺のフレーム質問の答えで書いた文章だけではおもしろみがありませんが、質問❻〜❽のスコップ質問の答えを組み合わせることによって、読み応えが増しました。

　伝わる文章や読み応えのある文章を書くためにはどうすればいいのでしょうか？　その答えのカギは、書き手自身が握っています。つまり、自分自身にどんな質問をし、どんな答えを導き出せるかで、書く文章は大きく変わってくるのです。

自問自答しながら 文章を書いてみよう

自分の趣味について自問自答してみる

　では、実際に自問自答の練習をしてみましょう。

　まずはあなたの趣味についてです。
「料理」「ツーリング」「ゲーム」「読書」「英会話」「山登り」「ピアノ」など、どんな趣味でも構いません。その趣味を他人に紹介するつもりで、自問自答してみてください。

　質問❶～❹までは「フレーム質問」、質問❺～❽までは「スコップ質問」をします。質問の数はあくまでも目安です（たとえば「いつから始めたんですか？」といったフレーム質問を2つだけにする形でもOKです）。
　どれくらいの数を自問自答するかは、どの程度の長さの文章を書くかにもよります。長文を書くようであれば、8個で終わらせずに、10個、15個、20個とどんどん質問をぶつけていきましょう。

テーマ「 私の趣味○○を紹介する 」

質問❶	質問❷
答え	答え

質問❸	質問❹
答え	答え

質問❺	質問❻
答え	答え

質問❼	質問❽
答え	答え

なお、自問の基本は**「5W3H」**です。

「5W3H」とは、情報を伝えるときや、情報を掘り下げるときなどに使える質問ツールです。

▶ When（いつ／期限・時期・日程・時間）

▶ Where（どこで／場所・行き先）

▶ Who（誰が／担当・分担・対象者）

▶ What（何を／目的・目標・事柄・もの）

▶ Why（なぜ／理由・根拠・原因・動機）

▶ How（どのように／方法・手段・手順）

▶ How many（どのくらい／数量・規模）

▶ How much（いくら／価格・コスト・予算）

質問が苦手な方、あるいは質問が出てこないときは、この5W3Hを使って質問をひねり出していきましょう。

とくにスコップ質問をするときには、「What」や「Why」「How」などを用いた質問が威力を発揮します。

仮にテニスが趣味の人であれば、次のような自問が考えられます。

フレーム質問

● いつテニスを始めましたか？

● どのくらいのペースでテニスをしていますか？

● スクールに通っているんですか？

- テニス仲間はいますか？
- テニスは、どのくらいお金がかかるんですか？

[スコップ質問]

- 好きなテニスプレイヤーは誰ですか？　また、その人のどこが好きですか？
- テニスのおもしろさはなんですか？
- テニスをしていて一番嬉しかった瞬間はどのようなときですか？
- テニスに健康効果や美容効果はありますか？
- テニスで得た教訓はありますか？
- テニスの欠点を挙げるとしたらなんですか？　※
- テニスをやめたいと思ったことはありますか？　※
- テニスと人生、似ている点はありますか？
- どうすればテニス文化が日本に根づくと思いますか？

　ほかにもいろいろな質問が考えられそうです。
　※は、少し意地悪な質問です。

自問　テニスの欠点を挙げるとしたらなんですか？
自答　相手の嫌がることをするクセがついてしまうことですね（笑）。

　こんな答えが出てくると、読み応えがあり、オリジナリティに富んだ「趣味のテニスの紹介」になりそうです。

　これらの例は、「趣味」をテーマにした場合の自問自答です。趣味は、FacebookやブログなどのSNSに投稿する際に向いているテーマではないでしょうか。趣味だけでなく、あなたの好きなものや人、サービス、場所などもよいテーマになります。

　また、企画書などのビジネス文書を書くときも基本は同じです。自問自答を使って相手が知りたいであろうことを書くようにすれば、少しずつ伝わる文章を書く力が身についていきます。

　なお、「伝える力」を集中的に強化したい人は、第12章の「論理的に書くトレーニング」をあわせてご活用ください。

人に教えると、
自分の文章力も高まる

周りの人の文章力を高めるのに効果的な方法

　この本を手にした人の中には、会社の部下（スタッフ）や家族など、人を育てる立場の人もいるでしょう。

　実は人に文章の書き方を教えることで、自分の文章力も高めることができます。

　では、具体的にどのように教えたらいいのでしょうか。

　その答えも、やはり「自問自答」です。

　教える相手に自問自答してもらうのです。ところが、自分に質問することがどういうことなのか、すぐに理解できない人もいます。

　そこであなたの出番です。教える相手にインタビューをしてみてください。

　たとえば、あなたが「新規ウェブサイト立ち上げ」の企画書を作ろうとしている部下にその書き方を教えるとしましょう。その場合、「どのような目的のサイトな

の？」というフレーム質問からスタートして、「サイトでは、どのような情報を発信していくの？」「サイトを知ってもらうにはどうすればいいと思う？」など、次第にスコップ質問へと移っていきます。

このような質問に答えることによって、企画書を書く材料がその部下の手元に集まります。

質問例

質問❶ どのような目的のサイトなの？

返答❶ 自社のダイエット商品の認知度アップと、商品購入率アップを目的とするサイトです。

質問❷ サイトでは、どんな情報を発信していくの？

返答❷ 「やせたいけど、なかなかやせられない」という人に、手軽にできて効果のあるダイエット情報を発信していきたいです。

質問❸ サイトの存在を知ってもらうには、どうすればいいと思う？

返答❸ Instagram や Twitter などの SNS を活用してインターネット上で拡散していきます。

このように、文章を書くのに手間取っている部下がいたら、上司であるあなたが「インタビューをする」とい

う形でそっと手を差し伸べてあげましょう。あなたの質問が呼び水となって、書くべきことに気づく部下も少なくありません。

　質問することで、部下の言語化をアシストすることができます。
　上司からたくさん質問を受ける部下は、そのつど自分の頭で考えて答えを導き出すプロセスを体験します。すると次第に上司から質問を受けなくても自然と自分の頭で考えられる、つまり自問自答ができるようになっていきます。
　また上司であるあなた自身も部下に質問をくり返すことによって自問自答する習慣がつき、文章力が自然と向上していきます。

子どもの作文力を簡単に上げる方法

「子どもの作文力を上げたい」という親御さんも多いでしょう。その場合もやり方は同じです。

　たとえば、子どもが夏休みの日記を書くときに、「今日は何があった？」「何が楽しかった？」「どうしてそう思うの？」「お友達と仲よくするためにはどうすればいいと思う？」「明日はどんな１日にしたい？」など、たくさん質問をしてみてください。

　親の質問に答えることで子どもの考える力が養われ、次第に自問自答のやり方が身についていきます。

　部下の例と同様に、子どもにインタビューをすることによって、親の質問力（自問する力）も磨かれていきます。つまり、子どもへのインタビューは、親自身の文章力の強化にも一役買うのです。

　逆に言えば、攻守を交代して子どもにインタビュアーをしてもらうことも、親と子、双方にとっての文章力の強化につながります。自問自答に必要な「質問する力」と「答える力」の両方がバランスよく養われます。

　大事なことなので、最後にもう一度だけくり返します。**文章を書く力とは自分に質問をして自分で答える能力、すなわち「自問自答力」です。**

　第２章からは、実際に問題を解くことによって文章力を鍛えます。積極的に自問自答を活用していきましょう。

第1章のまとめ

・・・・・・

「文章力をつけたいなら語彙力を鍛えなさい」という言葉を耳にしたことのある人もいるでしょう。しかし、いくら語彙力が高くても自問自答ができなければ、文章を書くことはできません。

　文章の種類は問いません。この先文章を書くときには、必ず「自問自答」をしましょう。

　仮にあなたが本書の感想文を書くのであれば「この本の何がよかったですか？」「この本を読むことで自分の何が変化しましたか？」「この本をどんな人におすすめしたいですか？」などと、自問していけばいいのです。

　なお、「自問自答」は書き終えた文章を読み返すときにも使えます。「○○ってどういう意味ですか？」「なぜそう言い切れるのですか？」「○○についてもっと教えてください！」など、自分が書いた文章に対して少し厳しい質問をしてみてください。それらの質問に頑張って答えることによって、完成度の高い、説得力のある文章に仕上がります。

第2章

ひと言コメント
トレーニング

「ひと言コメント」で文章センスを磨く

やり方

TwitterやFacebookなどのSNSに例題や問題❶、❷のような写真をアップする場合、どんな「ひと言コメント」を添えると読む人が笑顔になってくれるか考えてみましょう。字数は最大40文字です。それぞれ3パターン書けるよう解答欄を設けています（解答欄の10字目は点の色を変えてあります）。

身につくこと

物事を見極める力のほか、人の気持ちを想像する力、思ったことを的確に表現する力、読む人の感情を動かす力など、文章作成に必要な能力が総合的に身につきます。

とくに昨今は、TwitterやFacebook、Instagramなど、SNS上に写真とコメントを投稿する機会が増えています。ひと言コメントで読む人を笑顔にできる能力はあなたの武器になります。正解はありません。自由な発想で考えてみましょう。

例題

　次の写真に「ひと言コメント」をつけて、読む人を笑顔にしましょう。

Mahmud ahsan.unsplash(https://unsplash.com) より引用

解答例

（赤ちゃんのセリフとして）

- ほしいおもちゃは通販で買うんだ！
- 「夜泣き　対策」で検索しよう。ママを休ませてあげたいからね！
- クジラ君にもこの動画を見せてあげるね！
- 最新のパソコンは便利だな〜！

「笑わせるスキル＝人の感情を揺さぶるスキル」です。思わず笑ってしまう写真ですが、気の利いた「ひと言コメント」を添えることによって、写真のおもしろさが何倍にも増します。

　例題の写真のポイントは、赤ちゃんの表情です。なぜこのような表情をしているのでしょうか？　自問自答してその理由にユーモアを含ませることによって、クスッと笑える「ひと言コメント」が生まれます。また、赤ちゃんの横にあるクジラのぬいぐるみやパソコンのようなおもちゃ。これらをどのように表現するかにも、あなたのセンスが表れます。
　会話やモノローグ（独白）的に表現するもよし、写真に描かれている様子を客観的に表現するもよし。いろいろな角度からアプローチしてみましょう。

問題❶　　　　　　　　　　　　　※解答例は 47 ページ

次の写真に「ひと言コメント」をつけて、読む人を笑顔にしましょう。

Andrew Itaga.unsplash(https://unsplash.com) より引用

解 答 欄

問題❷

次の写真に「ひと言コメント」をつけて、読む人を笑顔にしましょう。

Piotr Musiol.unsplash(https://unsplash.com) より引用

解答欄

解答例

問題❶

- これが本当の「運命共同体」
- 女「長いわね、この道」
  男「長いなあ、この先」
- 遠くまで見通せる2人の未来
- 女「あなた、わかっているわね？」
  男「ああ、右に曲がろうと言ったのは僕だよ……」
- 男「このまま行くとどうなると思う？」
  女「私に言わせるつもり？」
- 男「車に乗って帰りたい……」
  女「一歩ずつ歩んでいこうって言ったよね？」
- 男「これは、まさか？」
  女「ええ、モニタリングされているわね」
- 女「このバージンロード……」
  男「ああ、少し長すぎたな」
- 女「このブーケ、小さいわね」
  男「えっ、そっち？」

フォローアップ

まっすぐな一本道にたたずむ男女。「一本道」と「男女の関係」。この2点に言及するとコメントが書きやすくなります。とくに、2人の立っている場所に注目です。

2人は内心で何を思っているのでしょうか？　結婚式の帰り？　喧嘩中？　そんなことを考えてみると、笑える「ひと言コメント」が浮かびそうです。

　また、解答例では「ブーケ」など、意外な点に目を向けたものもあります。真正面から笑いを取りにいくのも手なら、あえて斜めや横、後ろからアプローチするのも手です。大事なのは、読む人を笑顔にすることです。あなた独自の見方で笑いを取れたら及第点です。

問題❷

- （もういいかい？）まぁだだよ！
- この先は男子禁制よ！
- コラァ！　私が尾行に気づかないとでも思った？
- 私に触ったら高くつくからね！
- 床に大きな虫がいたの！　早く追い出して！
- 早く下がって！　ドアの奥から時限爆弾のタイマーの音がする！
- そうよ！　ペットフードのCMオーディションに落ちたから、こんなにイライラしているの！
- イヌのにおいがする……まさか家に入れたの？
- そんな顔しても、私の魚は渡さないわよ！
- 毛の色？　白ちゃうわ！　シルキーホワイトや！
- 楽しそう？　違う！　挟まっちゃって抜けないの！
- ワン！　あ、間違えた。ニャー！

フォローアップ

　ネコの表情に加え、「木に隠れている」という点も笑えるコメントを考えるポイントです。また、ネコの視線の先に一体何があるのかを考えてみてもいいでしょう。そのほかにも、ネコの特性や習性、身体の特徴などからアプローチしてもユニークな「ひと言コメント」が浮かびそうです。自問自答を活用して「ネコちゃん、あなたは何に怒っているの？」「どうして木にしがみついているの？」と問いかけてみましょう。あなたの中にいるネコが、きっとその答えを教えてくれるはずです。

第2章のまとめ

・・・・・・

　たくさんのユニークな「ひと言コメント」が出たのではないでしょうか。「誰かを笑顔にする」と言っても、オヤジギャグから、マニアックな笑い、知的な笑い、シニカルな笑い、自虐的な笑いなど、どんな笑いで笑顔にするかアプローチはさまざまです。

　大事なのは、こうしたトレーニングをくり返しながら"笑いの引き出し"の種類を増やしていくことです。

　このトレーニングは、ありとあらゆる写真で行えます。スマートフォンで撮影した写真やインターネット上にある画像を題材に、どんどんチャレンジしていきましょう。家族や友人と行うと、自分以外の人の"笑いの引き出し"を知ることができるのでおすすめです。「これは使える」と思った引き出しは、遠慮なく自分のものにしていきましょう。

　「ひと言」で笑わせるスキルは、取りも直さず「人の感情を動かすスキル」です。交流を目的とするSNSの投稿などに活用していきましょう。

第**3**章

作文
トレーニング

自分の体験を書く

　自問自答のやり方を理解したところで、ここからは作文の練習をしましょう。問題の冒頭にある空欄に言葉を入れて、その先に続く文章（具体例）を、150字以内で書きましょう。

　たとえば、問題❶なら「（私が）社長賞を受賞したのです」のように嬉しい出来事について触れてから「社長賞はその月で最も成績がよかった人に贈られる賞です」と、詳細を伝えます。その後「『入社後3年以内に絶対受賞する』と決めていたので、受賞できて感無量です」のように感想を書きましょう。

　具体的な事例やエピソードを書く作文力が鍛えられます。文章は具体的に書けば書くほど、読む人に伝わりやすく、また興味を持たれやすくなります。

問題❶　　　　　　　　　　　　　　※解答例は 54 ページ

今月はとても嬉しいことがありました。

　　| 誰 | が | 嬉しい出来事 | したのです。

解答欄

```
・　・　・　・　・　・　・　・　・　・　・　・　・　・　・　・
・　・　・　・　・　・　・　・　・　・　・　・　・　・　・　・
・　・　・　・　・　・　・　・　・　・　・　・　・　・　・　・
・　・　・　・　・　・　・　・　・　・　・　・　・　・　・　・
・　・　・　・　・　・　・　・　・　・　・　・　・　・　・　・
・　・　・　・　・　・　・　・　・　・　・　・　・　・　・　・
・　・　・　・　・　・　・　・　・　・　・　・　・　・　・　・
・　・　・　・　・　・　・　・　・　・　・　・　・　・　・　・
・　・　・　・　・　・　・　・　・　・　・　・　・・150
```

問題❷

恥ずかしながら、私は | 誰 | から、

よく | 指摘されること | と言われます。

解答欄

```
・　・　・　・　・　・　・　・　・　・　・　・　・　・　・　・
・　・　・　・　・　・　・　・　・　・　・　・　・　・　・　・
・　・　・　・　・　・　・　・　・　・　・　・　・　・　・　・
・　・　・　・　・　・　・　・　・　・　・　・　・　・　・　・
・　・　・　・　・　・　・　・　・　・　・　・　・　・　・　・
・　・　・　・　・　・　・　・　・　・　・　・　・　・　・　・
・　・　・　・　・　・　・　・　・　・　・　・　・　・　・　・
・　・　・　・　・　・　・　・　・　・　・　・　・　・　・　・
・　・　・　・　・　・　・　・　・　・　・　・　・・150
```

問題❶

　今月はとても嬉しいことがありました。|長男|が|高校野球夏の県大会予選のメンバーに選ばれた|のです。

　長男が所属する野球部は県内有数の強豪で、部員のほとんどが全国から推薦で集まってきた野球エリートばかりです。その中で非エリートの息子がメンバー入りできたのは、毎日500回の素振りを徹底するなど、地道に努力してきたからです。目標達成のためにやるべきことをやり続けた息子を誇りに思います。（長男が〜以下 142字）

問題❷

　恥ずかしながら、私は|課長の鈴木|から、よく|「おまえはそそっかしい」|と言われます。

　先日も、重要な会議の時間帯に、お客様との打ち合わせを入れてしまいました。しかも、ダブルブッキングをしたことにも気づかず、打ち合わせをすっぽかすという体たらく。会議の途中に携帯が鳴り、お客様から「今どのあたりでしょうか？　ずっとお待ちしておりますが……」と言われたときは、さすがに血の気が引きました。（先日も〜以下 148字）

　自分自身についての作文ですので、気楽な気持ちで取り組みましょう。問題❶は「今月はどんな嬉しいことがありましたか？」、問題❷は「人からよく指摘されることはなんですか？」という自問からスタートして、少しずつスコップ質問へ移っていけばOKです。

　文章を書くときは「結論→具体例」の流れを意識しましょう。たとえば、「彼はスキマ時間の活用がうまい。通勤電車の中で、いつも営業に役立つビジネス書を読んでいます」という文章は、以下のような構成になっています。

結　論	彼はスキマ時間の活用が上手です。
具体例	通勤電車の中で、いつも営業に役立つビジネス書を読んでいます。

　問題❶と問題❷の作文例であれば、「長男が高校野球夏の県大会予選のメンバーに選ばれたのです」や「私は課長の鈴木から、よく『おまえはそそっかしい』と言われます」が結論です。したがって、あとに続く文章では、結論を噛み砕くイメージで書いていく必要があります。「結論→具体例」の順に書くことを心がけると、読みやすく、納得しやすい文章になります。

自己紹介文を書く

あなたのマイブームと好きな食べ物について書いてみましょう。また、なぜそれがマイブームなのか、なぜその食べ物が好きなのか、それぞれ150字以内でその理由を書いてください。

たとえば問題❶なら、「私のマイブームはエスプレッソです」と結論を書いてから、「エスプレッソ特有の香りとコク、深みに惚れ込んでしまったのです。先日、ついにエスプレッソマシーンを購入。試行錯誤しながらおいしい淹れ方を追求しています」という具合に、詳細を掘り下げていきます。

身につくこと

自己紹介文を書く力がつきます。自分のしていることや、考えていることをわかりやすく伝えられると、周囲から信頼と好感を得られます。

問題❶

※解答例は 58 ページ

私のマイブームは ［　　　　　　　　］ です。

解答欄

150

問題❷

私の好きな食べ物は ［　　　　　　　　］ です。

解答欄

150

問題❶

　私のマイブームは ランニング です。

　昔から走ることが大の苦手でした。はじめは３キロ走るのもやっとでしたが、走り始めて２週間後には５キロ、１ヶ月後には７キロまで走れるようになりました。今でも苦しくて嫌になる瞬間もありますが、走り終えたあとの爽快感が格別で、クセになります。体重も落ちて、頭痛や肩こりが消えるなど、健康面での効用も絶大です。（昔から〜以下150字）

問題❷

　私の好きな食べ物は お味噌汁 です。

　とくに、母が作る「サツマイモ入りの具だくさん味噌汁」が好きです。コクと甘みのある鹿児島の麦味噌で作るため、甘党の私にぴったりです。サツマイモのほかに、大根やしめじ、ニンジンなどが入っているので、ごはんのおかず代わりにもなります。その日の気分で、柚子胡椒や七味をふりかけます。（とくに〜以下139字）

フォローアップ

　自分を表現するときは「具体化」が欠かせません。もちろん「私のマイブームはランニングです」と書けば、

ランニングがマイブームであることは伝わります。

　しかし、中にはランニングの魅力がわからず「なぜ、苦しい思いをしてまで走るの？」と疑問に思う人もいるかもしれません。そういう人たちを納得させることができれば、自己紹介文として及第点です。

　好きな食べ物の「お味噌汁」も同様です。中には「お味噌汁って地味すぎない？」と思う人もいるでしょう。そういう人のことも「なるほどね」と納得させることができれば、魅力的な自己紹介文だと言えます。

　なお、**説得材料の棚卸しをするときにも自問自答が欠かせません**。読者が知りたいであろうことを想像して、どんどん自問していきましょう。

　マイブームや好きな食べ物以外にも、「仕事」や「特技」「持っている資格」「尊敬する人」「好きな場所」「将来の夢」など、自己紹介につながる題目で作文にトライしてみてください。

何かにたとえて書く

やり方

あなたの家族、友人や同僚からひとり選び、100〜150字で紹介してみましょう。

まず冒頭でその人のことを人間以外の生き物や自然、もの、出来事などにたとえ、そのあとにそう思った理由を書きます。

たとえば、「私の父は、まるで辞書のような人です」と紹介したあと、「質問をするとなんでもすぐに答えを教えてくれるからです」といった具合で理由を挙げてみましょう。

身につくこと

「たとえ」を用いて、わかりやすく表現する技術が身につきます。たとえは、読み手に伝えることが難しそうなときや、理解してもらうことが困難なときに重宝します。

問題❶　　　　　　　　　　　※解答例は 62 ページ

私の （友人／家族／同僚）の◯◯ は、
まるで 生き物や自然など のようです。

解答欄

・150

問題❷

私の （友人／家族／同僚）の◯◯ は、
まるで 生き物や自然など のようです。

解答欄

・150

解答例

問題 ❶

　私の 親友の健吾 は、まるで ゴリラ のようです。

　眉毛が太く、鼻がやや上向きという容姿もさることながら、胸筋がムキムキで男らしい体格もゴリラそのもの。また性格が繊細（せんさい）で、実はストレスに弱い。先日も友人の結婚披露宴でスピーチをするプレッシャーから下痢になり、披露宴中に何度もトイレに駆（か）け込んでいました。デリケートなハートまで、ゴリラにそっくりです。（眉毛が〜以下147字）

問題 ❷

　私の 同僚の鈴木くん は、まるで 闘牛 のようです。

　ガタイが良くて筋肉隆々、浅黒い肌という見た目もさることながら、一度「これ！」と決めたら、どんな難問にも猪突猛進（ちょとつもうしん）していく姿が、まさしく闘牛そのものなのです。突進した結果、自分が傷を負うことも少なくありませんが、彼の闘争心は決して衰（おとろ）えません。融通は利きませんが、私にとっては実に頼もしい存在です。（ガタイが〜以下146字）

フォローアップ

　誰のために「たとえ」を用いるのでしょうか？　言うまでもなく読者のためです。**難しいことや複雑なことを、誰もが知っている身近なものや出来事にたとえることによって、読む人に伝わりやすくなります。**

「結果を出している人ほど準備に余念がありません」と言われても、ピンとこない人もいるでしょう。しかし、「大きくジャンプをしたいなら、その直前に深くかがむ必要がありますよね？　準備というのは、最高の結果を出すために深くかがむようなものなのです」と書いてあれば、「ああ、なるほどそういうことか」と納得する人が増えるはずです。これが「たとえ」のパワーです。伝えるために工夫を凝らせるようになると、誰にでも伝わる文章を書けるようになります。

第3章のまとめ

・・・・・・

　文章を書くときには、第1章で紹介した「5W3H」を使って、積極的に自問自答していく必要があります。

　マイブームについて書くときは「私のマイブームはなんですか？」という自問から、友人を何かにたとえるときであれば、「健吾くんは何に似ていますか？」という自問からスタートすればOKです。

　作文の場合、ただ事実を書くだけでなく、読者に「おもしろい」「笑えた」「驚いた」「感動した」「発見があった」などと思ってもらう必要があります。簡単に答えを出せるフレーム質問だけでなく、答えるのに少し労力がかかるスコップ質問も織り交ぜて、興味深い内容をどんどん手元にそろえていきましょう。

　作文の構成は「結論→具体例」を心がけるとわかりやすくなります。結論を補足するために、たとえを用いるのも効果的です。

第4章

妄想
トレーニング

妄想する力をつける

やり方

イラストに描かれているものや様子について、自由に妄想しながら表現しましょう（文体も自由です）。100字以上を目標に書いてください。

たとえば問題❶ならば、「どのような味ですか？」「どんな食感ですか？」「どのような見た目ですか？」という具合に、さまざまな角度から自問することで妄想の扉が開かれます。

身につくこと

文章作成に必要な妄想力が養われます。妄想したことを文字で表現するときには、ディテール（細部）の書き込みが必要です。つまり、妄想を書くことはディテールの描写力アップにつながります。また、フィクションを書く人にとって妄想力は強力な武器です。読者の気持ちを揺さぶる妄想を書ける人は、小説家向きかもしれません。

問題❶　　　　　　　　　　　　　　　　※解答例は 70 ページ

下のイラストに描かれている男の子になりきって、リンゴの試食リポートをしてください。五感表現※や独自の感想を交えて書きましょう。

※五感表現：味覚（味）、視覚（見た目）、嗅覚（におい）、聴覚（音）、触覚（触れた感覚／食感含む）

解答欄

　　　　　　　　　　　　　　　　　　　　　　　　　　　　　200

問題❷　　　　　　　　　　※解答例は 71 ページ

次のイラストは、神社に参拝中の美咲さんです。美咲さんは、何を考えながら参拝しているのでしょうか？　妄想して文章にしましょう。

解 答 欄

200

問題❸　　　　　　　　　　　　※解答例は 72 ページ

次のイラストは、散らかった部屋にたたずむ広人さんです。彼は今、とても焦っています。それはなぜでしょうか？　妄想して文章にしましょう。

解答欄

200

解答例

問題❶

　頭頂部のツルがやたらと太いリンゴだ。大地から十分な栄養を受けて成長したのだろう。「これはおいしそうだ！」。ひと口食べて、その予感が現実のものとなる。「ウマッ！」。シャキッとした歯ごたえを得た瞬間に、深い甘みと、ほどよい酸味がじわーっと口の中に広がる。あまりのおいしさに思わず涙が出た。（142字）

　みずみずしい赤色がお尻にまで広がっていて、手に持つとズシリと重たい。今朝届いた青森県産のリンゴだ。リンゴの蜜がこれほどおいしいとは……。もぐもぐと噛みながら「飲み込むのがもったいないなあ」と貧乏くさいことを考えてしまった。（111字）

フォローアップ

「視覚」や「食べた感想」など多方面から表現することによって、リンゴの魅力が伝わります。書くことがないときは「食べながら思ったことはなんですか？」「誰に食べさせたいですか？」など、自問自答をくり返しましょう。また、「シャキッ」「ズシリ」などのオノマトペ

（擬音語や擬態語）を使うことで、臨場感がアップします。「ウマッ！」と表現した一文も、臨場感の演出に一役買っています。

　なお、リンゴを食べる彼のTシャツでエピソードを妄想しても OK です。

問題❷

例1

　今日、20歳を迎えた美咲は、地元の氏神様（うじがみ）に足を運びました。身につけた着物は、昨年他界した祖母が、母のためにあつらえたものです。氏神様の前で手を合わせると、よみがえってきたのは、祖母の記憶です。美咲が泣いているときや、いたずらをしたときも、いつもニコニコと笑っていました。
「おばあちゃん、私もいつか立派なお母さんになるね」。そう誓った瞬間、まるで祖母が抱きしめてくれたときのように、温かい気持ちになりました。（202字）

例2

　社会人３年目の美咲。彼女は、疲れやストレスが溜まったとき、大好きな着物を着て神社にお参りに行きます。着物を着てお参りをすると、悩みがとても小さなことのように感じられるのです。

　美咲は神様に決してお願いをしません。その代わりに、丈夫に生んでくれたこと、家族や友人に恵まれているこ

となどの感謝の気持ちを伝えます。

　着物での参拝は、彼女にとって欠かせないライフワークであり、メンタルケアなのです。(193字)

フォローアップ

　あなたが書いたエピソードはどんなものでしたか？「結婚の報告に来た美咲」「初詣（はつもうで）に来た美咲」など、設定を変えるだけでエピソードが異なります。ぜひ設定を変えながら、くり返し挑戦してみてください。

問題❸

例1

　「困った……」。広人はフリーズした。突然、妹夫婦が上京してくることになったのだ。しかも、今日の今日だ。この「汚部屋（お）」をどうしてくれよう。これまで、電話で妹から「部屋は片づいているの？」と聞かれるたびに、「きれいにしているよ」と、体（てい）よくいなし続けてきた。

　「これはマズいことになったぞ」

　部屋を見回して広人は愕然（がくぜん）とした。3時間後には妹夫婦が訪ねてくるのに、どこから手をつければいいのか、さっぱりわからない。広人は頭を抱えながら、天から打開策が降ってくるのを待った。(229字)

例2

　「部屋なんて汚くたって死ぬわけじゃあるまい」。そん

なふうに、タカをくくって生きてきた広人。しかし、この日ばかりは、散らかり放題のこの部屋を恨めしく思った。

　パスポートが見つからないのだ。「ある」と思い込んでいた書類ファイルの中になかったため、捜索の範囲を広げてみたものの、発見に至らず……。

　日本を発つのは明後日だ。再発行している時間はない。なんとしてでも発見しなければ。

　広人は、冷や汗をかきながら懸命に対応策を考え続けた。（210字）

フォローアップ

　例1では「妹夫婦が上京する」、例2では「パスポートが見つからない」というエピソードを書きました。これが「妄想」です。「部屋に戻ったら、なぜか部屋が荒らされている」「自分で片づけようか、片づけ業者に頼もうか迷っている」など、自由に妄想してください。ポイントは広人のポーズです。明らかに頭を抱えています。彼に何が起きたのでしょうか？　その心を読み解くところから妄想をスタートさせるといいでしょう。

第4章のまとめ

· · · · · ·

　普段私たちが書く文章には何かしらの目的や制約がありますが、「妄想」にはそれがありません。自由に筆を走らせることで、文章を書く楽しさに気づく人もいます。常識やルール、思い込みなどにとらわれている人にとっては、見えない"手かせ足かせ"を外す絶好の機会になるでしょう。

　もうひとつお伝えしたいのは、「文章とは妄想である」という真実です。妄想は「演出」とも言えます。たとえば、喜びを表現するときに妄想力を発揮することで「頭の中でくす玉がパーンと割れた」と書くことが可能になるのです。文章を書ける人ほど、実は妄想家なのです。

　ちなみに、妄想の第一歩もやはり自問です。「この人は何歳？」「職業は？」「どんな性格？」「なんで頭を抱えているのだろう？」など、さまざまな自問をぶつけることから妄想が膨らんでいきます。つまり、妄想は、自問自答力を鍛えられるのです。

第5章

6コマ漫画
トレーニング

つなげて整える力を
身につける

やり方

　次の6コマ漫画を200字以上で文章にしましょう。第4章で鍛えた妄想力を交え、臨場感を文章化できればベストです。

　例題であれば、「深夜まで忙しく働いていたある日、突然、ブルブルッと悪寒（おかん）に襲われた（①）。『まさか？』と体温を測ると38.5度（②）。慌てて病院に行った結果、インフルエンザに感染していることが判明した。医師から『最低5日は休みなさい』と言われた（③）ため、そのまま会社を休み、自宅で安静にしていた（④）。1週間後、無事に全快して仕事に復帰（⑤）。以来、『同じ轍（てつ）は二度と踏むまい』と、どんなに忙しいときでも定時で仕事を切り上げるなど、疲れをため込まない働き方へとシフトした（⑥）。」（209字）のように、漫画の番号に沿って、自由な文体で書き進めましょう。

※漫画の下のメモ欄にキーワードを書き留めると、文章を整えやすくなります

※漫画の主人公はあなた自身だと仮定して書いてください

身につくこと

　出来事を観察して理解する力や、複数の出来事をつなげて整える力などが鍛えられます。スムーズな文章展開力を身につけたい人のエクササイズとしても有効です。

例題

問題❶

メモ

解答欄

400

問題 **❷**　　　　　　　　　　※解答例は 82 ページ

メモ

解答欄

400

問題❶

　帰宅途中に妻から「遅くなりそうだから夕食の準備をお願いできる？」と電話が来たので、「了解！」と返事をした。帰宅後すぐに冷蔵庫にある残り物でチャーハンを作った。

　作り終えたところでタイミングよく妻が帰ってきた。一緒に「いただきます」とチャーハンを口に運んだ妻が、次の瞬間、「えっ、あまい！」と叫んだ。「まさか」と思って、私もチャーハンを口へ運ぶと……予想外の味が舌に襲いかかってきた。

「あまっ！」

　慌ててキッチンへ行き、調味料を確認したところ、塩だと思って入れたのは砂糖だった！　ア然とする私の顔を見て、妻は大笑いしていた。(258字)

問題❷

　とある晴れた夏の休日。大学時代の友人たちと河原でバーベキューを楽しんでいました。

　肉を焼いていると、どこからか「誰か取って〜」という声が聞こえました。周囲を見回したところ、川の上流からサンダルが流れてくるではありませんか！

　私は反射的に川辺に駆け寄り、近くにあった枝でサン

ダルを引っ掛けようと試みました。思い切り手を伸ばすも、ギリギリ届きません。もう少しだ……と力を入れた瞬間、バシャ～ン！　私は体勢を崩して上半身から川に落ちてしまいました。

　プチパニック状態に陥った私は手足をバタバタさせながら「誰か助けてー」と叫びました。

　すると、川岸から「そこ浅いぞ！」という声が聞こえ、「そうなの？」と足を伸ばしたところ、簡単に立ち上がることができました。川岸からは笑い声と拍手の両方が聞こえてきました。(343字)

フォローアップ

　6コマ漫画の出来事を箇条書きのように書いてはいませんか？　「そして～、そして～」「それから～、それから～」「次に～、次に～」のように、同じ接続詞を多用している文章も「箇条書き調」です。これだとエピソードがぶつ切りになるため、読む人が感情移入しにくくなります。コマとコマ（出来事と出来事）をスムーズかつドラマチックにつなげるためには、接続詞にも工夫が必要です。

　臨場感を演出するためには、妄想力を働かせて物語を補完する能力が求められます。出来事を羅列するだけでなく、会話文や心の声、「……」などを挟んだり、オノマトペを使ったりすると臨場感がアップします。

第5章のまとめ

・・・・・・

　出来事を観察する能力、出来事から見える本質を把握する能力、断片的なエピソードをスムーズにつなげる能力、妄想力を駆使(くし)して物語を補完する能力……本章では、文章を書くのに欠かせないさまざまな能力が磨かれます。

　解答例は一例にすぎません。解答例よりも臨場感やリズム、読みやすさなどが上回っていれば免許皆伝(めんきょかいでん)です。カッコ書きを使った会話文や本音などを上手に織り交ぜると臨場感がアップします。

　また、すべての6コマ漫画が起伏(きふく)のあるドラマになっています。したがって、淡々と事実を語るのではなく、読む人が興味を持ちやすいよう少し大げさな表現を心がけてみてください。漫画の世界観を表現しやすくなります。

　自分で読み返してみて「つまらないな」と思ったときも、同じように少し大げさな表現に修正してみると、より引きつけられる文章になるでしょう。

第6章

説明
トレーニング

決まった名称を
使わずに説明する

やり方

　問題❶〜❹で示した言葉の意味について、その言葉を使わずに、150文字前後でわかりやすく説明しましょう。

　たとえば「スマートフォン」という言葉ならば、「パソコンの機能を持ち合わせている高機能な携帯電話のこと。アプリケーションソフトを端末にダウンロードすると、メールや音声通話はもちろん、写真や動画の撮影、ゲーム、屋外でのインターネット接続もできます。小型の液晶画面を指でタッチして操作します。」（120字）というように表現します。

身につくこと

　頭の中にあるイメージを、わかりやすくかみ砕いて伝える力が身につきます。文章はもちろん、会話で説明する力も強化されます。

※解答例は89ページ

問題❶ 自転車

解答欄

```
.  .  .  .  .  .  .  .  .  .  •  .  .  .  .  .  .
.  .  •  .  .  .  .  .  .  .  .  .  .  •  .  .  .
.  .  .  .  .  •  .  .  .  .  .  .  .  .  .  •  .
.  .  .  .  .  .  .  •  .  .  .  .  .  .  .  .  .
.  .  •  .  .  .  .  .  .  .  •  .  .  .  .  .  .
.  .  .  •  .  .  .  .  .  .  .  .  .  .  •  .  .
.  •  .  .  .  .  .  .  .  .  .  •  .  .  .  .  .
.  .  .  .  .  .  .  •  .  .  .  .  .  .  .  .  .
.  .  .  •  .  .  .  .  .  .  .  .  •  .  .  .  .
.  .  .  .  .  .  .  • 160
```

問題❷ 富士山

解答欄

```
.  .  .  .  .  .  .  .  .  •  .  .  .  .  .  .  .
.  .  •  .  .  .  .  .  .  .  .  •  .  .  .  .  .
.  .  .  .  •  .  .  .  .  .  .  .  .  .  .  •  .
.  .  .  .  .  .  •  .  .  .  .  .  .  .  .  .  .
.  •  .  .  .  .  .  .  .  .  •  .  .  .  .  .  .
.  .  .  •  .  .  .  .  .  .  .  .  •  .  .  .  .
.  .  .  .  .  •  .  .  .  .  .  .  .  .  .  .  .
•  .  .  .  .  .  .  .  .  •  .  .  .  .  .  .  .
.  .  .  •  .  .  .  .  .  .  .  •  .  .  .  .  .
.  .  .  .  .  • 160
```

※解答例は90ページ

問題❸ オリンピック

解答欄

160

問題❹ 会議

解答欄

160

問題❶

　自分で車輪を動かす**二輪車**のこと。両足の力で**ペダル**を漕いで、車輪に動力を伝えます。**２つの車輪**は縦に並び、両輪をつなぐフレームの上にお尻を乗せる座面があります。この乗り物に乗る人は、両手で握ったハンドルを操作しながら、そのつど、進む方向を決めます。（122字）

問題❷

　世界文化遺産に登録されている、**日本で一番高い山**のこと。特筆すべきは、その美しい円錐形。広い裾野からゆるやかに孤を描きながら上昇する左右対称のフォルムは、どこから見ても絶景です。日本人の「心の故郷」とも言われています。秋から春にかけては、頂上付近に雪化粧が施されます。（133字）

　4年に一度開催される世界最大の**スポーツ競技大会**のこと。夏季大会と冬季大会があり、5つの輪を並べたそのシンボルマークから「**五輪**」と呼ばれることも。夏季大会では陸上や水泳、柔道など、冬季大会では、スキーやスケートなどが行われ、各国を代表する選手がしのぎを削ります。各競技とも1〜3位の順に、**金、銀、銅メダル**が授与されます。(159字)

問題❹

　あるテーマ（議題）について、複数の関係者で**情報や意見を交換**し合い、何かしらの意思決定を行う**会合**のこと。意思決定の手段としてよく用いられる方法に**多数決**があります。意思決定を行わない場合の用途には、物事の調整や、情報の整理・伝達・交換などがあります。(124字)

フォローアップ

　文章を書き終えたら、周りにいる人に「何について書いた文章でしょう？」とひと言添えて、読んでもらってください。正しくお題の言葉を即答してくれたら合格です。

　一方、答えが間違っていたり、答えるまでに時間がかかったり、自信がなさそうに答えたりしたときは、説明不足の可能性が高いです。「どのように書けばもっとわ

かりやすくなると思う？」と聞いて、その人から忌憚（きたん）の
ない意見をもらいましょう。

　なお、問題❶～❹の解答例にある太字は、「読む人に
理解されやすいキーワード」です。あなたの解答に、こ
れらのキーワードは盛り込まれていましたか？　盛り込
まれていれば、伝わる説明文になっている可能性が高い
です。

　とくに問題❷の「日本で一番高い山」や、問題❸の
「４年に一度」などは確実に入れておきたいキーワード
です。これらの言葉だけでお題の言葉を浮かび上がらせ
ることができます。

　もちろん、ここに挙げたキーワードが入っていなくて
も、お題の言葉を浮かび上がらせることができればOK
です。たとえば、問題❹のキーワードのひとつは「情報
や意見を交換」ですが、もっと簡単に「話し合い」とい
う言葉でも伝わるかもしれません。**短いキーワードで端
的に伝えられる人ほど、説明が上手な人**と言えます。

第6章のまとめ

・・・・・・

　言葉について説明するときは、形や大きさ、色、状態や機能、システム、関連する情報やエピソードなど、さまざまな方向から説明する必要があります。

「自転車」などのものであれば「形」が重要ですし、「オリンピック」など形のないものの場合は「状態」や「システム」が重要です。「富士山」の場合は、形もさることながら、関連する情報やエピソードの有無によっても伝わりやすさが変化します。お題に応じて、臨機応変にアプローチしましょう。

「昇進」「ダイエット」「名刺」「プレゼンテーション」「人見知り」「ブログ」「付箋」……など、お題は無限にあります。説明が苦手な人は、「一日一説明」を目安にトレーニングしていきましょう。家族だんらんのツールとしてもおすすめです。

第**7**章

言い換え
トレーニング

別の言葉で言い換える

問題❶〜❹の言葉を、別の言葉で言い換えましょう。言い換えの目標は２つ以上です。

たとえば「頭がいい人」という言葉なら、「知的な人」「利口な人」「賢い人」「頭脳明晰な人」といった具合です。

臨機応変に言い換える力がつきます。言い換えができると、説明力と表現力が磨かれます。また、「読む人は誰か？」「どういう目的の文章か？」といった条件の変化に柔軟に対応できるようになります。状況に応じて、文章を自在に書きわけられるようになりましょう。

※解答例は96ページ

問題❶ 元気が出る。

解答欄

問題❷ あの頃は、テンパっていました。

解答欄

問題❸ 気持ちがラクになりました。

解答欄

問題❹ まじめだ。

解答欄

解答例

問題❶

- やる気が出る。
- パワーがみなぎる。
- テンションが高まる（上がる）。

問題❷

- あの頃は、余裕がありませんでした。
- あの頃は、精神的にギリギリの状態でした。
- あの頃は、いっぱいいっぱいになっていました。

問題❸

- 気持ちが晴れました。
- 肩の荷が下りました。
- 一安心しました。

問題❹

- 熱心だ。
- 真剣だ。
- 一途だ。

フォローアップ

　言葉が浮かんだときは、ゲーム感覚でどんどん類語を出していきましょう。「カッコいい男」と浮かんだら、「男前」「ハンサム」「イケメン」「二枚目」「ナイスガイ」「美男子」「ダンディ」と挙げていきます。多少ズレていても気にする必要はありません。世の中にたくさんの類語があることに気づくだけでも一歩前進です。

　ほかにも、「今日１日は、できるだけ違う言葉を使う」と決めて実践する自主トレーニングもおすすめです。

　たとえば誰かのSNSの投稿にコメントを書く際、ある人には「ほっこりしました」、ほかの人には「癒されました」というように、意識的に言葉のセレクトを変えることで語彙力が磨かれていきます。

　なお、スマートフォンやパソコンを使ってインターネットにアクセスできる環境にある人は、答え合わせをかねて「お題の言葉＋類語」で検索をかけてみましょう。たとえば「まじめ　類語」「元気　類語」といった具合です。すると類語をまとめたサイトがヒットするはずです。このようなサイトでたくさんの類語に触れることも、言い換える力を強化するひとつの方法です。

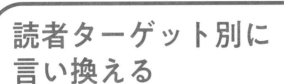

読者ターゲット別に
言い換える

　問題の文章は、「やせたい願望」を持つ20代の独身女性が読者ターゲットです。この読者ターゲットを、問題の下にある❶〜❸に変更し、それぞれの読者が希望を抱く内容に書き換えてください。

　たとえば30代の男性が「きれいになったね」と言われても嬉しくありません。「筋肉がついてたくましくなったね」と言うと喜ばれるでしょう。
「どのように伝えると心に響くか？」ということを意識して書いてみましょう。

身につくこと

　読者の心に響く・刺さる文章が書けるようになります。想定される読者ターゲット別に理想の文章を書くことで、興味・関心を持たれる確率が格段に高まります。

問題　　　　　　　　　　※解答例は 100 ページ

ダイエットをしてベストの体型に戻ると、オシャレをするのが楽しくなり、人から見られることが苦痛ではなくなります。同性から「きれいになったね」と驚かれるほか、異性にモテるようになります。自信がどんどん湧いてくるでしょう。

❶夫と子どもがいる 40 代女性向けに書き換える

解答欄　ダイエットをしてベストの体型に戻ると、

❷働き盛りの 50 代男性向けに書き換える

解答欄　ダイエットをしてベストの体型に戻ると、

❸孫がいる 70 代男性向けに書き換える

解答欄　ダイエットをしてベストの体型に戻ると、

❶夫と子どもがいる40代女性

ダイエットをしてベストの体型に戻ると、

クローゼットの奥に眠っていた服が再び着られるようになります。「ママ、きれいになったね」と子どもたちに喜ばれるほか、ご主人も嬉しそうに「惚れ直した」と言ってくれるかもしれません。

❷働き盛りの50代男性

ダイエットをしてベストの体型に戻ると、

「二度と着ることはあるまい」とあきらめていた細身のスーツが再び着られるようになります。懸案だった健康診断の数値も改善し、肥満症の呪縛から開放されます。奥様が「結婚した当時に戻ったかのよう」と、その目にハートマークを作ることでしょう。

❸孫がいる70代男性

ダイエットをしてベストの体型に戻ると、

足腰への負担が減り、ひざや腰の症状改善につながるほか、生活習慣病のリスクも減ります。お孫さんから「おじいちゃん、最近カッコよくなったね！」と嬉しい言葉をかけてもらえるかもしれません。

フォローアップ

　文章を書く前に、**あらかじめ読者の反応を決めておく**
と、文章の目的を達成しやすくなります。

　たとえば、ラブレターであれば、それを読んだ相手が
「嬉しいわ。私もあなたのことが好きよ」と笑顔で返事
をしてくれる姿をイメージしてから書き始めます。する
と、そのイメージ通りの現実が引き寄せられるでしょう。

「ダイエット」の設問にも同じことが言えます。書き始
める前に、❶〜❸の読者ターゲットが、「私もダイエッ
トをして、こんなふうになりたい！」と希望を抱く様子
を、頭の中でリアルにイメージしてください。すると、
読者の心に響く・刺さる文章が書きやすくなります。

　人間の脳は賢いので、目標を決めることによって、そ
れを実現するために必要な行動を取り始めます。文章を
書くときに、この習性を利用しない手はありません。

　なお、このトレーニングでも自問自答が大切です。
「働き盛りの50代男性がやせると、どのようないいこと
が起きるだろうか？」「健康面は？」「仕事面は？」「プ
ライベートは？」というように、積極的に自問自答をし
ていきましょう。

第 7 章 の ま と め

・・・・・・

　同じ「やばい」という言葉でも、「カッコいい」「おいしい」「すごい」という良い意味だけでなく、「ひどい」「悪いことが起こりそうな状況」といった悪い意味でもとらえられます。それゆえ、シチュエーションに応じて言い換える力（最適な言葉を選ぶ力）が必要なのです。

　読者ターゲットや文章を書く目的、TPO（時間・場所・場合）などに応じて文章を書きわけられる人は、そのつど、要点を簡潔に伝えられる人です。

　ちなみに語彙には、意味を理解している「理解語彙」と、実際に使うことができる「使用語彙」があります。読書などで増やすことができる理解語彙と異なり、使用語彙を増やすためには、アウトプット（書く・話す）が欠かせません。本章の「言い換えトレーニング」は使用語彙を増やす絶好の機会です。お題を変えながら、どんどん挑戦していきましょう。

第8章

穴埋め
トレーニング

最適な接続詞を選ぶ

やり方

　問題❶〜❺の文章の空欄に、次の接続詞から最もふさわしいものを選んで入れましょう。問題文の空欄の大きさは、接続詞の長さにかかわらず一定です。

Ⓐにもかかわらず　Ⓑ逆に　　　　Ⓒつまり

Ⓓちなみに　　　　Ⓔまた　　　　Ⓕだって

Ⓖなぜなら　　　　Ⓗただし　　　Ⓘおよび

Ⓙさらに　　　　　Ⓚところが　　Ⓛそのため

Ⓜしかも　　　　　Ⓝ一方　　　　Ⓞだから

身につくこと

　「接続詞」は、文と文をつなぐ役割を担っています。文脈に合った最適な接続詞を選ぶことで、論理的な文章を書く力が鍛えられます。

問題❶

居眠り運転は危険です。

| |、睡魔に襲われたら必ず休憩しよう。
| --- |

問題❷

彼はいつも元気だ。

| |、今日は元気がない。
| --- |

問題❸

日本語は語彙数が多い。

| |、英語は語彙数が少ない。
| --- |

問題❹

彼は一所懸命に練習した。

| |、優勝を目標にしているからだ。
| --- |

問題❺

旅行に行くのは自由です。

| |、自己責任でお願いします。
| --- |

問題❶ ❶だから

　「居眠り運転が危険」というのは“事実”で、そのあと
にある「必ず休憩しよう」というのは“書き手の提案”
です。事実を踏まえたうえで提案しているので、この時
点で❶の「そのため」か、❶の「だから」が当てはまり
ます。また「そのため」のあとにくる文章は判断や命令、
意思以外の事実です。一方、「だから」は前の内容を根
拠として強めたうえで、書き手が思ったり、考えたりし
た内容を示すケースに使います。よってここでは❶の
「だから」が適切です。

問題❷ ❶ところが

　「元気だ」のうしろに接続詞を挟んで、「元気がない」
とあります。逆のことを言っているので、この時点で❶
の「にもかかわらず」か、❶の「ところが」が入ります。
両方とも予想と反対の内容になることを示す逆接の接続
詞ですが、「にもかかわらず」には、その結果に対する
“不満”や“非難”のニュアンスが含まれます。この文章
では不満や非難の意味を含まないため、❶の「ところ
が」が入ります。

問題❸ ❶一方

接続詞を挟んで「語彙数が多い」「語彙数が少ない」とあり、対比させる内容になっているので、❹の「ところが」か❶の「一方」が入ります。ここでは、前に述べた内容と対比させる意味を持つ❶の「一方」を使うのが最適です。❸の「逆に」は、前に述べた内容と相反することを強調したいケースで使用します。

問題❹ ❻なぜなら

「彼は一所懸命に練習した」と「優勝を目標にしているからだ」は、結果とその理由を表しています。そのため、❻の「なぜなら」が最適です。❺の「だって」は話し言葉のため、一般的に書き言葉では使いません。「だって、私にはそれくらいしかできないから」のような話し言葉であればOKです。

問題❺ ❿ただし

前の文で「旅に行くのは自由」と言っているのに、そのあとの文では「自己責任」とあり、条件をつけ加える形になっています。そのため、ここでは条件の「念押し」という意味合いが強い❿の「ただし」が適切です。❹の「ちなみに」は、相手にとって参考になる情報を補足するときに使います。

正しく伝わる日本語に直す

　普段なにげなく使用している言葉遣いや表現が、実は日本語として間違っていることがあります。

　たとえば、「怒り心頭に達する」は誤用で、正しくは「怒り心頭に発する」です。「心頭」が「心の中」ということを知っていれば、間違えないはずです。しかし、この慣用句が激しい怒りを意味することから、同じく怒りを表す「頭に来る」と混同し、「達する」と誤用してしまう人が多いのです。

　このように、日本語としておかしい文章、伝わらない文章を、正しく伝わる文章に直しましょう。

　読者に伝わる正しい文章が書けるようになります。間違った文章、伝わらない文章を書いていると、読む人に誤解され、書き手の信頼も落としかねません。

108

問題❶ あとで後悔する。

▶あとで[　　　　　　　　]。

問題❷ 雪辱を晴らす。

▶雪辱を[　　　　　　　　]。

問題❸ 思いがけないハプニングが起きた。

▶思いがけない[　　　　　　　　]が起きた。

問題❹ 読みずらい。

▶読み[　　　　　　　　]。

問題❺ 今日は会社を休みました。

　　　　なぜなら、風邪が悪化しました。

▶今日は会社を休みました。

　なぜなら、風邪が悪化[　　　　　　　　]です。

※解答例は115、116ページ

問題❻ 娘の夢は、数学者です。

▶娘の夢は、数学者 [   ] です。

問題❼ コミュニケーションの肝は、話の聞き方だ。

▶コミュニケーションの肝は、

　　話の聞き方 [   ] 。

問題❽ ディズニーランドでは、夢がある。

▶ディズニーランド [   ] 、夢がある。

問題❾ おそらく失敗する。

▶おそらく失敗 [   ] 。

問題❿ まるでスーパースターだ。

▶まるでスーパースター [   ] だ。

問題⓫ なんとしても勝つ。

▶なんとしても [   ] 。

※解答例は116、117ページ

問題⑫ もしかしたら入院する。

▶もしかしたら入院 _____ 。

問題⑬ 絶対に合格するだろう。

▶絶対に合格 _____ 。

問題⑭ つい怒った。

▶つい怒っ _____ 。

問題⑮ ぜひ欠席しないでください。

▶ぜひ _____ してください。

問題⑯ 本を読んだり、映画を観て過ごした。

▶本を読んだり、映画を _____ 過ごした。

問題⑰ 資料を読まさせていただきます。

▶資料を _____ いただきます。

※解答例は117、118ページ

問題⑱ そのとき、私は電話をしてました。

▶そのとき、私は電話を ⬜ 。

問題⑲ モデルみたく美しい。

▶モデル ⬜ 美しい。

問題⑳ 原材料費は安い。一方で人件費はかかる。

▶原材料費は安い。一方で人件費は ⬜ 。

問題㉑ こちらがパンフレットになります。

▶こちらがパンフレット ⬜ 。

問題㉒ 今では、押しも押されぬスターになった。

▶今では、 ⬜ スターになった。

問題㉓ 結局、二の舞を踏むことになった。

▶結局、二の舞を ⬜ ことになった。

問題㉔ 今夜は早く寝て、翌朝5時に起床します。

▶今夜は早く寝て、　　　　　　　　　　5時に起床します。

問題㉕ うちの奥さんに送らせます。

▶うちの　　　　　　　　　　に送らせます。

問題㉖ ご好意に甘えさせていただきます。

▶ご　　　　　　　　　　に甘えさせていただきます。

問題㉗ 過去の誤ち

▶過去の

問題㉘ 新規巻き返し

▶新規

解答例

問題❶ 悔やむ

　原文は二重表現です。二重表現とは「頭痛が痛い」のように、同じ意味の言葉をくり返し使うことです。この問題の場合は、「あとで悔やむ」が正しい表現です。

問題❷ 果たす

　原文は二重表現になっています。「雪辱」の「雪」には「雪ぐ（すすぐ・そそぐ）」の意味があるため、「晴らす」と意味が重なります。「屈辱を晴らす」と混同している人が多いようです。

問題❸ 出来事

　原文は二重表現です。「ハプニング」は「思いがけない出来事」を意味する言葉です。

問題❹ づらい

　漢字にすると「読む＋辛い」となります。辛いには「〜が難しい」という意味があります。したがって、「ず」ではなく「づ」が正解です。

問題❺ したから

　結果＋理由（原因）の形の文章にするときは、「なぜ

なら」は「（だ）から」で受けます。このように、ある言葉に対して、決まった言葉や表現で受けることを呼応表現と言います。

問題❻ になること

「テーマ（夢／目標）＋内容」の文章には、「〜は」を「こと」でしめましょう。

問題❼ にある

　呼応表現です。「〜は」を「○○にある」で受けます。○○には、場所や所在、ありか、ポイントなどに関連した言葉が入ります。

問題❽ には

「〜には」を「〜がある」で受ける呼応表現です。

問題❾ するだろう／すると思う／するはずだ

「おそらく」は「推量の言葉（〜だろう／〜と思う／〜はずだ）」と呼応します。なお、「おそらく＝恐らく」につき、ややネガティブな印象を与えます。ポジティブな内容のときは「きっと」を使いましょう。

問題❿ のよう／みたい

「まるで」は「様態の言葉（〜のようだ／〜みたいだ）」と呼応します。

問題⓫ 勝ちたい

「なんとしても」は「希望を意味する言葉（〜たい）」
と呼応する表現です。

問題⓬ するかもしれない

「もしかしたら」は「推量の言葉（〜かもしれない）」
と呼応します。

問題⓭ する

「絶対に」は「断定を意味する言葉（〜だ／〜であ
る）」と呼応します。原文が「きっと合格するだろう」
や「たぶん合格するだろう」であれば正しい表現です。

問題⓮ てしまった

「つい」は「〜てしまった」で受ける呼応表現です。

問題⓯ 出席

「ぜひ」は、「希望や依頼を意味する言葉（〜たい／〜
てください）」と呼応します。「しないで」という否定語
と用いるのは相手に違和感を与えます。

問題⓰ 観たりして

　並列助詞「たり」は「〜たり、〜たり」と反復して使
うのが原則です。

文章を書きながら
人生をクリエイトする仲間が集う

Takuro Yamaguchi

山口拓朗

Writing salon

ライティングサロン

商業出版

3つの武器を磨き上げる

セールス
ライティング

SNS
情報発信

✓ 月１回の文章力向上セミナー
✓ セミナーは動画で生配信
　（過去のセミナー動画は見放題）
✓ SNSのグループ内での交流
✓ 年に１度の出版企画コンペ参加権
　（審査委員は商業出版の現役編集者）

月１回体験セミナー開催中！

検索➡ 山口拓朗ライティングサロン

https://yamataku-salon.com

問題⑰ 読ませて

　原文は、いわゆる「さ入れ言葉」。助動詞の「せる」「させる」は、五段活用の動詞（「送る」「言う」「行く」など）に「せる」をつけて、それ以外の動詞（「受ける」「着る」「建てる」など）に「させる」をつけるのが原則です。本来「せる」をつけなければいけない動詞に「させる」をつけたのが「さ入れ言葉」です。

問題⑱ していました

　原文は、「い抜き言葉」です。「い抜き言葉」と同様に、「見れる」のような「ら抜き言葉」にも注意しましょう。

問題⑲ みたいに／のように

「〜みたく」は話し言葉として広まりつつありますが、書き言葉としては不適切です。同様に、話し言葉で使われる「やっぱり」や「あんまり」は、文章では「やはり」や「あまり」と書きましょう。

問題⑳ 高い

　比較する文章では、正しく言葉を対応させましょう。「安い」に対応する言葉は「かかる」ではなく「高い」です。ほかにも「長い⇔短い」「濃い⇔薄い」「速い⇔遅い」などがあります。

問題㉑ です（でございます）

「なります」という表現は「〜に成る（「今までとは違った状態・形に変わる」という意味）」以外には使いません。

問題㉒ 押しも押されもせぬ

「押しも押されぬ」は誤用です。

問題㉓ 演じる

「二の舞」は「演じる」が正しい表現です。「二の足を踏む」と間違えて使っている人が多いです。

問題㉔ 明朝

「翌」が使えるのは、過去か未来の一地点に視点を置いたときだけです。たとえば「前回の会議の翌日には〜」などです。「今」「今日」「今週」「今月」など、「今」に視点を置いた文章では、「翌」を使うことはできません。原文は「今（今夜）」に視点を置いているので、「翌（朝）」と書くのは不自然です。

問題㉕ 妻

「奥さん」は他人の妻を敬う言葉です。自分の配偶者には「妻」を使いましょう。「家内」や「女房」は、「男性が外で働き、女性は家を守る」という意味を含んでいることもあり、女性の社会進出が著しい現代では好ましく

思わない人が増えています。「嫁」は、息子と結婚した女性（息子の妻）を、親の立場から言う言葉です。

問題㉖　厚意

「好意」は、その人に抱く好きだという気持ちのこと。一方の「厚意」は、他人が自分に示してくれた気持ち（思いやりのある心）を言います。この文面に「好意」を使うと、「あなたが私を好きだという気持ちに甘える」という、やや不自然な意味になります。

問題㉗　過ち

漢字の間違いです。し損なうことを「過ち」と言います。「誤り」という言葉はありますが、「誤ち」という言葉はありません。

問題㉘　蒔き直し

正しくは「新規蒔き直し」です。タネを蒔いても芽が出なかったため、「改めてタネを蒔く」という意味です。劣勢の状態から勢いを盛り返して反撃に転じる「巻き返し」と混同して使っている人が多いようです。「巻き返しを図る」であれば正しい表現です。

第8章のまとめ

······

　本章では文法上のルールやマナー、書き言葉としての正しい日本語に関する問題を用意しました。難なく解答できたものもあれば、解答例を見て意外に感じたものもあったかもしれません。

　誤答してしまった問題については、この機会に正解をしっかり頭に入れましょう。「呼応表現」や「二重表現」「慣用句」などは、多かれ少なかれ「暗記科目」のような要素を含んでいます。つまり、覚えておきさえすれば、文章を書くときに誤用するリスクを減らせます。「まだしっかり覚えられていないかも……」と不安に感じている人は、確認の意味もかねて、数週間から数ヶ月後にもう一度、本章の問題にチャレンジしてみるといいでしょう。

第9章

伝達
トレーニング

一文を短くする

　問題❶〜❹の文章に句読点（。や、）を打ち複数の文にわけたり、接続詞や言い回しを変えたりして、短く、読みやすく添削しましょう。メールやブログなど書く目的を考えながら、一文をできるだけ短くするのがポイントです。

　たとえば、「明日のプレゼンは13時開始で、場所は会議室Aで、持ち物は筆記用具とプレゼン資料ですが、資料は明朝お渡しします。」というメールの文章があったとします。この長い一文は、「明日のプレゼンは13時より、会議室Aにて行います。明朝お渡しする資料と筆記用具をご持参ください。」のように2つにわけると、要点が伝わりやすくなります。

身につくこと

　ダラダラとした回りくどい文章を回避できます。文章を短く切ることによって、「主語と述語のねじれ」や「論理の破綻」を防ぐこともできます。

問題❶ 【メールの文章】

ご希望の物件ですが、現時点で３件候補があり、そのうち２件は駅から徒歩10分以上で、もう１件は築15年と、江原様のご要望を満たしていない点もございますが、念のため見取り図を添付しておきますので、もしご興味があるようでしたら、ご連絡いただけますでしょうか。

解 答 欄

問題❷ 【ブログの記事】

オリンピックの開会式をテレビで見ていたところ、意外と知らない国がたくさんあることに気づき、聞き慣れない国名がアナウンスされるたびにスマートフォンで検索していたら、わずかな時間でかなり地理に詳しくなりました。

解 答 欄

※解答例は126、127ページ

問題❸ 【ブログの記事】

彼女の誕生日プレゼントを買おうと思って、オシャレな雑貨屋さんに入りましたが、何を選べばいいかさっぱりわからなかったため、女性の店員さんに助けてもらい、女性に人気だというツリー型のジュエリースタンドを選びました。

解答欄

問題❹ 【メールの文章】

今週末のお食事会の件でのご連絡ですが、お店は、今のところ恵比寿のイタリアンで考えていますが、もし小林さんのおすすめのお店などがあれば、そちらでも構いませんし、以前に一度ご一緒した渋谷のお寿司屋さんに行くのもいいですね。

解答欄

解答例

問題❶

　ご希望の物件の件でご連絡いたします。

　現時点で、3件の候補物件が見つかっております。

　ただし、そのうち2件は駅から徒歩10分以上です。もう1件は築15年と、江原様のご要望を満たしていない点もございます。

　念のため、見取り図を添付いたします。

　もしご興味がございましたら、ご連絡いただけますでしょうか。

フォローアップ

　140文字以上ある原文は、「悪文」と呼ぶにふさわしい読みにくさです。解答例では新たに句点を5つ打ち、全体を6分割しました。原文よりもはるかに読みやすく、また理解しやすくなったと思います。なお、メールの文章の場合、一行が長くなりすぎないよう句点や読点での改行を心がけましょう。

問題❷

　オリンピックの開会式をテレビで見ていたときのこと。意外と知らない国がたくさんあることに気づきました。そこで、聞き慣れない国名がアナウンスされるたびにス

マートフォンで国名を検索することに。すると、わずかな時間でかなり地理に詳しくなりました。

フォローアップ

　100文字以上あった一文に句点を3つ打ち、全体を4分割しました。途中に挟んだ接続詞「そこで」や「すると」が、軽妙なリズム作りに一役買っています。「見ていたときのことでした」「気づきました」「検索しました」「詳しくなりました」のように語尾をそろえてしまうと、稚拙な印象を与えてしまいます。言い回しや句読点の打ち方を工夫して、語尾が単調にならないようにしましょう。

問題❸

　彼女の誕生日プレゼントを買おうと思い、オシャレな雑貨屋さんに入りました。ところが、何を選べばいいかさっぱりわからず……。結局、女性の店員さんに助けてもらうことに。女性に人気だというツリー型のジュエリースタンドを選びました。

フォローアップ

　110文字以上あった一文に句点を3つ打ち、全体を4分割しました。「ところが」という接続詞を用いて劇的さを演出するほか、リズムが単調にならないように「……」「助けてもらうことに」など、一文のしめ方も工

夫しました。

問題❹

今週末のお食事会の件でご連絡いたしました。

お店は、今のところ恵比寿のイタリアンで考えています。

もし小林さんのおすすめのお店などがございましたら、そちらでも構いません。

あるいは、以前に一度ご一緒した渋谷のお寿司屋さんに行くのもいいかもしれません。

フォローアップ

100文字以上あった一文に句点を3つ打ち、全体を4分割しました。また、問題❶と同様にメールの文面が見やすくなるよう句点ごとに改行しました。句読点や改行の少ないメールの文章が、相手に喜ばれることはありません。簡潔な一文と適度な改行を心がけましょう。

読みにくい文章を
読みやすくする

問題❶〜❿の文章を、読みやすく理解しやすい文章に改善しましょう。修飾語がどこにかかっているのかわかりにくい場合は、整理したり、主語と述語がねじれていないか確認して書き直したりしましょう。

たとえば、「2007年生まれのスケートボードが好きな愛さん」という文章は、「スケートボードが2007年に製造された」という意味に誤読されかねません。この場合は、「2007年生まれの」が「愛さん」を修飾していることがわかるよう、「2007年生まれの愛さんは、スケートボードが好きだ」や「スケートボードが好きな、2007年生まれの愛さん」のように修正します。

身につくこと

読者の負担にならない文章や、誤解や誤読をされにくい文章が書けるようになります。

※解答例は132、133ページ

問題❶ この本は、手軽に読める本です。

解答欄

問題❷ 小さな水玉模様のペンダントです。

解答欄

問題❸ 赤坂のレストラン「DOTS」の「レディースセット」のサラダのドレッシングがおいしい。

解答欄

問題❹ 昨夜御馳走（ご ち そう）になったふぐ刺しが、驚く程美味しかった。

解答欄

※解答例は133、134ページ

問題❺ 会議は、8名の社員が発言した。

解答欄

問題❻ そこにいたのは、20代のバイクが大好きなアメリカ人だった。

解答欄

問題❼ 発注しようということを考えています。

解答欄

問題❽ 「寂しい」という言葉の裏には、「一緒にいたい」という気持ちが手放せないのです。

解答欄

130

問題❾

オープンしたばかりのブックカフェは、店内にある本が読み放題というサービスに加え、開放的な空間作りでも、高く評価している。

解答欄

問題❿

病気やけが、出産、障害、失業などに起因する貧困問題を解決するために医療や介護などのサービスを給付する社会保障制度は、社会的弱者を守る国のシステムとして機能しています。

解答欄

問題❶

　この本は、手軽に読めます。／これは、手軽に読める本です。

「本は〜本です」と「本」が２連続で出てくると読みにくいので、注意しましょう。

問題❷

● 小さいのがペンダントの場合：**水玉模様の小さなペンダントです。**

● 小さいのが水玉模様の場合：**小さな水玉模様をあしらったペンダントです。**

　原文では「小さな」が「水玉模様」にかかっているのか、「ペンダント」にかかっているのかがはっきりしません。誤読されない書き方をしましょう。

問題❸

　赤坂のレストラン「DOTS」が提供する「レディースセット」のサラダドレッシングがおいしい。／赤坂にあるレストラン「DOTS」。ここの「レディースセット」に使われているサラダドレッシングがおいしい。

「の」が４連続で登場する原文は、一本調子で稚拙な印象を受けます。句読点を打つ、表現を工夫するなどして、

「の」を続けて使うのは一文中に2回、多くても3回までにとどめましょう。

問題❹

昨夜ごちそうになったふぐ刺しが、驚くほどおいしかった。

漢字を使いすぎた文章、または、ひらがなやカタカナを使いすぎた文章は読者の理解度を下げる恐れがあります。文学的な意図がないようであれば、**「ひらがな：漢字＝7：3」程度のイメージで書く**といいでしょう。

問題❺

会議では、8名の社員が発言した。

「会議は（主語）〜発言した（述語）」は、主語と述語がねじれた不自然な文章です。

問題❻

そこにいたのは、バイクが大好きな20代のアメリカ人だった。

原文では「20代」が「バイク」を修飾しているかのようにも読めます。実際には「20代」と「バイクが大好きな」は、どちらも「アメリカ人」を修飾しています。ひとつの言葉に複数の修飾語がかかる場合は、次の原則を当てはめて書きましょう。

修飾語の原則とは「節（1個以上の述語を含む複文）」を先にして、「句（述語を含まない文節＝文の最小単位）」をあとにすることです。ここでは、「バイクが大好きな」が節にあたります。

問題❼

発注しようと考えています。

　原文の「ということ」は、くどい言い回しです。

問題❽

「寂しい」という言葉の裏には、「一緒にいたい」という気持ちがあるのです。

　主語と述語がねじれている状態です。「裏には」という主語に「手放せないのです」という述語を組み合わせるのは不自然です。「気持ちが隠れているのです」や「気持ちが潜んでいるのです」でもいいでしょう。

問題❾

　オープンしたばかりのブックカフェは、店内にある本が読み放題というサービスに加え、開放的な空間作りでも、高く評価されている。

　「ブックカフェは」という主語に「高く評価している」という述語を組み合わせるのは自分で自分を評価していることになるため、不自然です。問題❽と同様、主語と述語がねじれている状態です。

問題❿

　社会保障制度は、社会的弱者に医療や介護などのサービスを給付する国のシステムです。**病気やけが、出産、障害、失業などに起因する貧困問題を解決するために機能しています。**

　原文は、主語の「社会保障制度は」にかかる修飾語が50字と長いため、わかりにくくなっています。全体を２つの文にわけ修飾語の関係性を見直すことで、読みやすくなりました。工夫次第では、解答例よりもわかりやすい文章が書けるでしょう。

第9章のまとめ

......

「一読して意味がわからない文章」や「理解するのに労力を要する文章」は読む人にストレスを与える悪文です。せっかく有益な内容、おもしろい内容が書かれていても、読む人に意味が伝わらなければ本末転倒です。

　とくに一文がダラダラと長い文章は、「主語と述語のねじれ」や「修飾語と被修飾語の離れすぎ」「言葉や表現の重複」などの不具合を招きやすいです。読む人が誤読や誤解をしないよう、簡潔な文章を心がけましょう。

　文章作成には「一文一義（いちぶんいちぎ）」という原則があります。これは「ひとつの文章（一文）に盛り込む情報はひとつだけにしましょう」という意味です。2つ、3つ……と情報が増えるにつれて理解度が下がります。一文の目安は「最大70文字」。長すぎる文章は、句読点を打つ、不要な修飾語を削る、文章構成を変えるなど、工夫を凝らしましょう。

第10章

構成
トレーニング

文章を並び替えて流れをよくする

やり方

　書かれている内容を把握したうえで、最もスムーズな流れになるよう文章（段落）を並び替えてください。文章の内容だけでなく、接続詞のつながりも意識しましょう。

身につくこと

　文と文をつなげる力や、文章の構成力、論理的思考力などがアップします。

　また今回用意した４問は、すべて異なるテンプレート（型）を使って書いたものです。段落の構成がわかると、文章の流れを考えながら書いたり、わかりやすく並び替えることもできるようになります。

問題①　　　　　　　　　　　※解答例は 143 ページ

㋐また、毎日のように残業を続ければ、心と身体が疲弊して、日中のパフォーマンスも落ちてしまいます。これでは本末転倒ではないでしょうか。

㋑なぜなら、人間の集中力には限界があるからです。日中7〜8時間仕事をしたあと、さらに仕事をするのは、「出がらし」のような集中力で仕事をしているようなもの。作業効率が低下するだけでなく、ミスも増えます。

㋒単刀直入に言って、残業ほど非効率な働き方はありません。

㋓日本に巣食う「残業信仰」は、百害あって一利なし。一刻も早く、国をあげて「残業撲滅」に乗り出すべきでしょう。

㋔事実、欧米では「残業ばかりしている人は仕事ができない」と思われて、信頼を損ねるひとつの要因になっています。日本でも実状は同じです。仕事ができる人ほど、就業時間内にテキパキと仕事を終わらせて、常に最高のパフォーマンスを発揮しています。私自身も、残業することをやめてから、仕事の効率と成果が格段にアップしました。

解 答 欄

問題❷　　　　　　　　※解答例は 144 ページ

㋐ はじめのうちは、ぎこちなくても構いません。習慣化するまで意識的に行動することが大切です。人間関係をよくするコツが自分のものになれば、おのずと悩みも減っていくでしょう。

㋑ まず、相手の価値観を否定しないこと。価値観の否定は対立につながります。

㋒ さらに、相手が何かをしてくれたときには、必ず「ありがとう」を言うこと。感謝されて機嫌を損ねる人はいないはずです。

㋓ 人の悩みの大半は「人間関係」に起因するそうです。そこで今回は、人間関係をよくするための「3つのコツ」をお伝えします。

㋔ 次に、自分の気持ちを伝えること。「言わなくてもわかるだろう」と考えるのは危険です。言葉にしなければ、理解してもらうことはできません。

解答欄

問題❸　　　　　　　　　　※解答例は 146 ページ

㋐ 数年後、私はフリーの司会者として、さまざまなイベントに声をかけていただけるようになりました。武器は、イベント来場者に合わせてその場を切り盛りできる「カメレオントーク」。やがて大型イベントの司会オファーも舞い込むようになりました。

㋑ そんなときに声をかけてくれたのが、地元の先輩で今はイベント企画会社を経営している三浦先輩でした。「君は確か、大学時代にアナウンス部だったよな？　うちのイベントで司会の仕事をしてみないか？」と。私はが然やる気になり、来る日も来る日も、話術に磨きをかけました。

㋒ 私は今、三浦先輩に心から感謝しています。あのとき三浦先輩が声をかけてくれたおかげで、自分の天職と出会うことができました。今後も、人間の器と話術に磨きをかけながら、一流の司会者を目指したいと思います。

㋓ 勤めていた会社を退職後、転職活動に打ち込んだものの、15 社連続で不採用。一時は出口のない迷路に迷い込んだかのように途方に暮れていました。

解答欄

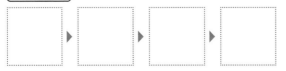

問題❹　　　　　　　　　　※解答例は 147 ページ

㋐ もちろん、すべてのニュースを敵視するつもりはありません。多くのニュースには、社会生活を送るうえで必要な情報が含まれています。知識や教養の仕入先としてニュースが有益であることも認めます。

㋑ あなたは、四六時中、手元のスマートフォンでニュースをチェックしていませんか？　答えが「イエス」の方は、ニュースに人生をコントロールされている恐れがあります。

㋒ とはいえ、スマートフォンで、１日中ニュースを取り込み続ける生活は危険と言わざるを得ません。ニュースに埋め尽くされた日常は、生きている実感を損なうリスクがあり、思考停止の引き金にもなります。ニュースの奴隷（どれい）になりたくないのなら、まずはスマートフォンでニュースをチェックする回数を減らしましょう。

㋓ なぜなら、次々に送られてくるニュースのすべてが、私たちに必要だとは限らないからです。現に、世間には、過剰なまでに不安を煽（あお）るニュースが氾濫（はんらん）しており、知らないうちに私たちの心を蝕（むしば）んでいる可能性は否定できません。

解 答 欄

解答例

問題❶

ウ→イ→ア→オ→エ

ウ 単刀直入に言って、残業ほど非効率な働き方はありません。【結論】

イ なぜなら、人間の集中力には限界があるからです。日中7〜8時間仕事をしたあと、さらに仕事をするのは、「出がらし」のような集中力で仕事をしているようなもの。作業効率が低下するだけでなく、ミスも増えます。【理由1】

ア また、毎日のように残業を続ければ、心と身体が疲弊して、日中のパフォーマンスも落ちてしまいます。これでは本末転倒ではないでしょうか。【理由2】

オ 事実、欧米では「残業ばかりしている人は仕事ができない」と思われて、信頼を損ねるひとつの要因になっています。日本でも実状は同じです。仕事ができる人ほど、就業時間内にテキパキと仕事を終わらせて、常に最高のパフォーマンスを発揮しています。私自身も、残業することをやめてから、仕事の効率と成果が格段にアップしました。【具体例】

エ 日本に巣食う「残業信仰」は、百害あって一利なし。一刻も早く、国をあげて「残業撲滅」に乗り出すべき

でしょう。【まとめ】

　あらゆる文章に使える万能テンプレート「結論優先型」を使って書いた文章です。**結論優先型は「結論→理由→具体例→まとめ」**の順に書きます。

　接続詞「なぜなら」のあとには「（結論の）理由」を書くのがセオリーです。したがって、「なぜなら」の前には結論である**ウ**がきます。

　また、「事実〜」のあとにはそれまでに示された内容に関する具体例が続きます。「事実〜」ではなく、「たとえば〜」が適しているケースもあります。

　一番目に**エ**を持ってきた人もいるかもしれませんが、理由の「人間の集中力には限界がある」を述べた**イ**と最も親和性が高いのは、「非効率的な働き方」と書いた**ウ**です。また、「単刀直入に言って」という言葉で始まる**ウ**が、最後の「まとめ」にくるのは不自然です。

問題❷
エ→**イ**→**オ**→**ウ**→**ア**

エ人の悩みの大半は「人間関係」に起因するそうです。
　　そこで今回は、人間関係をよくするための「３つのコツ」をお伝えします。【導入（列挙の案内）】
イまず、相手の価値観を否定しないこと。価値観の否定

は対立につながります。【列挙1】

㋔次に、自分の気持ちを伝えること。「言わなくてもわかるだろう」と考えるのは危険です。言葉にしなければ、理解してもらうことはできません。【列挙2】

㋒さらに、相手が何かをしてくれたときには、必ず「ありがとう」を言うこと。感謝されて機嫌を損ねる人はいないはずです。【列挙3】

㋐はじめのうちは、ぎこちなくても構いません。習慣化するまで意識的に行動することが大切です。人間関係をよくするコツが自分のものになれば、おのずと悩みも減っていくでしょう。【まとめ】

フォローアップ

複数の情報を整理して伝えるときに最適な「列挙型」のテンプレートを使って書いた文章です。**列挙型は「導入（列挙の案内）→列挙1→列挙2→列挙3→まとめ」**の順に書きます。

「『3つのコツ』をお伝えします」というように、導入で「列挙の案内」をすることによって、読者がその先の内容を理解しやすくなります。

「まず→次に→さらに」は、お約束の流れです。そのほかにも「はじめに→続いて→最後に」や「第一に→第二に→第三に」なども列挙で使えるパターンです。実践の文章で活用してみましょう。

エ→イ→ア→ウ

エ 勤めていた会社を退職後、転職活動に打ち込んだものの、15社連続で不採用。一時は出口のない迷路に迷い込んだかのように途方に暮れていました。【発端】

イ そんなときに声をかけてくれたのが、地元の先輩で今はイベント企画会社を経営している三浦先輩でした。「君は確か、大学時代にアナウンス部だったよな? うちのイベントで司会の仕事をしてみないか?」と。私はが然やる気になり、来る日も来る日も、話術に磨きをかけました。【転機】

ア 数年後、私はフリーの司会者として、さまざまなイベントに声をかけていただけるようになりました。武器は、イベント来場者に合わせてその場を切り盛りできる「カメレオントーク」。やがて大型イベントの司会オファーも舞い込むようになりました。【成長】

ウ 私は今、三浦先輩に心から感謝しています。あのとき三浦先輩が声をかけてくれたおかげで、自分の天職と出会うことができました。今後も、人間の器と話術に磨きをかけながら、一流の司会者を目指したいと思います。【未来】

　読む人の興味や関心を引きつけたいときに有効な「物語型」のテンプレートを使って書いた文章です。**物語型は「発端→転機→成長→未来」**の順に書きます。「過去→未来」の時系列さえつかめていれば、間違うことはありません。

「発端」では、挫折や不遇、どん底などを描き、その後転機（ターニングポイント）が訪れます。そのあとは右肩上がりに物事が推移して、最後はハッピーエンドを迎えます。発端と未来に高低差があるほど、読む人が感情移入しやすくなります。

問題④

イ→エ→ア→ウ

イ あなたは、四六時中、手元のスマートフォンでニュースをチェックしていませんか？　答えが「イエス」の方は、ニュースに人生をコントロールされている恐れがあります。【主張】

エ なぜなら、次々に送られてくるニュースのすべてが、私たちに必要だとは限らないからです。現に、世間には、過剰なまでに不安を煽るニュースが氾濫しており、知らないうちに私たちの心を蝕んでいる可能性は否定できません。【理由】

ア もちろん、すべてのニュースを敵視するつもりはあり

ません。多くのニュースには、社会生活を送るうえで必要な情報が含まれています。知識や教養の仕入先としてニュースが有益であることも認めます。【予想される反論への理解】

🟣とはいえ、スマートフォンで、1日中ニュースを取り込み続ける生活は危険と言わざるを得ません。ニュースに埋め尽くされた日常は、生きている実感を損なうリスクがあり、思考停止の引き金にもなります。ニュースの奴隷になりたくないのなら、まずはスマートフォンでニュースをチェックする回数を減らしましょう。【再び主張】

フォローアップ

主張や意見を伝えたいときには、「主張型」のテンプレートが重宝します。**主張型は「主張→理由→予想される反論への理解→再び主張」**の順に書きます。

主張型のポイントは「予想される反論への理解」です。強引な主張にならないよう、あらかじめ「○○という反論が出るのは重々承知しています」という趣旨の文面を盛り込みます。そうすることで、読む人が「反論したくてもできない」「納得せざるを得ない」という状況を作り上げることができます。

段落を意識して
文章を書く

やり方

「結論優先型」「主張型」のテンプレートを使って、作文のテーマについて文章を書いてみましょう。文章は短くても OK です。

身につくこと

　文章の構成力が鍛えられます。正しく構成することができると、読む人に伝わりやすく説得力のある文章を書けるようになります。

　テンプレートが使えるようになると、文章を書くスピードが速まるほか、文章の読みやすさと理解度が格段にアップします。

　なお「列挙型」「物語型」のテンプレートは、154、155ページにあります。作文をする際にぜひご活用ください。

「結論優先型」のテンプレート

作文テーマ：野菜

結論

::

理由

::

具体例

::

まとめ

::

※解答例は 152 ページ

問題❷

「主張型」のテンプレート

作文テーマ：コーヒー

主張

```


```

理由

```


```

予想される反論への理解

```


```

再び主張

```


```

解答例

問題❶

　私は毎日、野菜を摂取するために「野菜ジュース」を飲んでいます。【結論】

　なぜなら、1日に必要な野菜の摂取量（350グラム以上）を食事で摂ることが難しいからです。【理由】

　たとえば「ホウレンソウのおひたし」などの副菜に含まれる野菜の量は、一般的に約70グラムだと言われています。1日5皿も副菜を用意することは金額、調理時間を要するため、私のライフスタイルには合いません。【具体例】

　だから私は、野菜を買うよりも安く、調理も不要で必要な栄養素を取り入れられる野菜ジュースをこれからも飲み続けます。【まとめ】

問題❷

　あなたはぐっすりと眠れていますか？　眠れない人はコーヒーの過剰摂取による睡眠障害かもしれません。【主張】

　なぜなら、コーヒーに含まれるカフェインには脳の疲労物質アデノシンを抑制し、眠気を感じさせなくする成分が含まれているからです。【理由】

　もちろん、コーヒーを飲むメリットもあります。コー

ヒーは抗菌作用のあるポリフェノールが豊富で、生活習慣病などの予防に役立ちます。また、カフェインには眠気を払い、集中力を高める効果があると言われています。【予想される反論への理解】

　ただ、個人差はありますがカフェインの効果がなくなるまでは3〜7時間かかります。良質な睡眠時間を手に入れるためには、就寝前の7時間以内にコーヒーを飲まないほうがいいでしょう。【再び主張】

フォローアップ

　短い文章でも構成を意識して書くと、読者に伝わりやすくなります。「結論優先型」は案内文やレポート、説明文などを書く際に便利です。また、「主張型」は自分の意見を述べるときや、プレゼンテーションといったビジネスシーンでも役立ちます。

　なお、【結論】や【主張】などのテンプレートにあてはめる文章は、一文だけでも構いません。短い文章でまとめられるようになると、読む人が誤解や誤読をせず、正しく伝わりやすくなります。

「列挙型」のテンプレート

作文のテーマ例：最新商品のプレゼンなど

導入（列挙の案内）

列挙1

列挙2

列挙3

まとめ

「物語型」のテンプレート

作文のテーマ例：自己紹介や商品開発の苦労など

発端

転機

成長

未来

第10章のまとめ

・・・・・・

　第10章は文章の構成を意識するトレーニングでした。「文章の並び替え問題を解いたのは中学生のとき以来だ」という人も多かったかもしれません。幸いにも文章は、会話と違ってあとから順番を入れ替えることができます。脈絡なく文章を書いてしまいやすい人も、あとから適切に順番を入れ替えることができれば読みやすさや理解度が格段にアップするのです。

　また本章で紹介した問題は、それぞれ「結論優先型」「列挙型」「物語型」「主張型」のテンプレートを使っています。テンプレートを使うことによって、読む人に伝わりやすくなるほか、文章作成にかかる時間や労力を大幅にカットすることもできます。

「文章の構成がうまくできない」という人は、テンプレートをぜひご利用ください。

第11章

敬語
トレーニング

謙譲語や尊敬語に
言い換える

やり方

問題❶〜⓬の文章を、それぞれ正しい尊敬語や謙譲語に書き直しましょう。各問、その文章を使用するシーンも添えてありますので参考にしてください。

たとえば、取引先へ送るメールの件名で「御社資料の件」は誤りです。相手の会社のことを表すとき、話し言葉は「御社」が正しいですが、書き言葉は「貴社」となります。この場合は「貴社資料の件」と書き換えましょう。

身につくこと

尊敬語と謙譲語が正しく使えるようになります。シチュエーションに応じて敬語の使いわけができるようになると、メールをはじめとする文書でのコミュニケーションがスムーズになります。多くの人と良好な関係を築けるでしょう。

※解答例は162、163ページ

問題❶ 資料を確認してもらえますか。

部下から上司へのメール

解 答 欄

問題❷ わかりました。

お客様への返信メール

解 答 欄

問題❸ 会えるのを楽しみにしています。

仕事ではじめて会う人へのメール

解 答 欄

問題❹ 貴社に行きます。

取引先へのメール

解 答 欄

※解答例は163、164ページ

問題❺ 鶴田様のことは知っています。

取引先へのメール

解答欄

問題❻ 大変すみませんでした。

お客様へのお詫びメール

解答欄

問題❼ 井上先輩、ご苦労様です。

会社の先輩へのメール

解答欄

問題❽ 鈴木会長もお食べになりました。

上司への報告メール

解答欄

問題❾ 音源を拝聴されますか?

取引先へのメール

解答欄

問題❿ 昨日、A社の樋口社長がお見えになられました。

上司への報告メール

解答欄

問題⓫ 弊社の小林専務がよろしくおっしゃっています。

取引先へのメール

解答欄

問題⓬ 会員様は、ご利用できます。

お客様への案内文

解答欄

解答例

問題❶

資料をご確認いただけますか。

「○○してもらう」の謙譲語は「お（ご）○○いただく」です。「ご確認いただけますでしょうか」と答えた人もいると思います。これは丁寧語の「ます」と「です」が同時に使われており、誤用ではありませんが、社内で使うにはやや仰々しい表現と言えるでしょう。

問題❷

かしこまりました。／承知しました。

「了解（いた）しました」と答えた人もいると思いますが、**「了解」という言葉には、尊敬や謙譲を含みません。**上司やお客様に向けて使用してはいけません。

問題❸

お会いできるのを楽しみにしております。／お目にかかれるのを楽しみにしています。

どちらも謙譲語ですが、「お目にかかる」のほうが、よりかしこまった言い方です。

問題❹

貴社にうかがいます。／貴社におうかがいします。

「うかが（伺）う」は「訪ねる」の謙譲語です。相手と動作の向かう先を立てる謙譲語のため、「貴社に」とある今回の文章では、「うかがう」を使いましょう。ちなみに、「行く」の謙譲語は「参る」ですが、「東京に参ります」のように地名や訪問先に敬う相手がいない場合に使うのがベターです。

問題❺

鶴田様のことは存じ上げております。

「存じ上げております」というように**「上げる」をつけていいのは、対象が人の場合のみ**です。したがって、ものや事柄が対象の場合「存じ上げております」はNGです。たとえば対象が企画の場合は、「上げる」をつけずに「企画のことは存じております（承知しております）」と書きます。

問題❻

大変申し訳ございませんでした。

「すみません」は「すまない」の丁寧語です。ビジネスシーンやお詫びの気持ちをしっかりと伝えたいときは「申し訳ございません」を使いましょう。

問題 7

井上先輩、お疲れ様です。

「ご苦労様」は目上の人が目下の人に使う表現です。目上の人に使うと、失礼にあたります。

問題 8

鈴木会長も召し上がりました。

「お食べになる」は、文法的には間違いではありません。しかし「食べる」には、尊敬語の「召し上がる」が存在します。**相手がお客様や目上の人の場合は「召し上がる」を使いましょう**。なお、「食べられる」という表現もありますが「食べることができる」といった意味に受け取られてしまう恐れがあるので使用しないほうがいいでしょう。

問題 9

音源をお聴きになりますか？

「拝聴する」は、相手に対して自分をへりくだって表現する謙譲語です。「のちほど音源を拝聴します」のように使います。

問題 10

昨日、Ａ社の樋口社長がお見えになりました。

「お見えになられる」は二重敬語です。**二重敬語とは、ひとつの言葉に２つ以上の敬語をつけてしまうことです。**

問題⓫

弊社専務の小林がよろしく申しております。

「おっしゃる」は尊敬語で、「申す」は謙譲語です。**読み手が社外の人間の場合、社内の人間（小林専務）の動作に尊敬語は使ってはいけません**。謙譲語を使いましょう。また社外へのメールでは、自社の人間をへりくだって書くのが礼儀のため、「小林専務が」とは書けません。「小林が」か、「専務の小林が」と書きます。

問題⓬

会員様は、ご利用になれます。

お客様向けの文章のため、謙譲語ではなく尊敬語を使う必要があります。「できる」の尊敬語は「ご〜になれる」です。「ご利用いただけます」という表現も OK です。謙譲語は、「資料はすぐにご準備いたします」というように、自分の動作をへりくだって上司に返答するときなどに使います。

第11章のまとめ

......

　社会人たるもの、相手の立場や関係性、シチュエーションに応じて適切に敬語を使いわけたいものです。敬語が正しく使えていないと「この人は常識がない」「マナーを知らない」「失礼だ」と思われて、あなたの信頼や評価を落としかねません。

　とくにビジネスメールでは、上司や取引先、クライアント、お客様など、読み手に敬意を払う必要がある場面が少なくありません。

「備えあれば憂いなし」です。敬語は、「正しい使い方を知る→それを使う」をくり返す以外に身につける方法はありません。

　正しい敬語の知識は、メールだけでなく、日常生活での会話や対面時にも役立ちます。しっかりとマスターして、あなたの財産にしてください。

第 **12** 章

論理的に書く
トレーニング

イラストや図表を
文章で正しく説明する

やり方

問題❶〜❺のイラストや図表を見ながら、設問の指示通りに文章を書きましょう。

身につくこと

インプットした情報を文章化する際に必要となる「論理的に考える力」と「論理的に書く力」が養われます。論理的に書くとは、筋道を立てて書くということです。文章作成の場合は、会話のときのように表情や口調、ジェスチャーなどが使えません。はじめてあなたの文章を読む人にも伝わるよう、わかりやすく書くことを心がけてください。

問題❶

※解答例は 174 ページ

下の地図を見て、小学校から市役所までの道順を、文章で説明しましょう。また、市役所から小学校までの道順も説明しましょう。

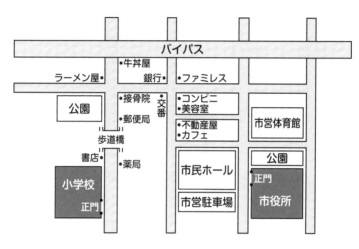

解 答 欄

問題❷

下の間取り図は、とあるアパートの一室です。部屋や設備の
位置関係がわかるよう文章で説明してください。

解 答 欄

問題❸　　　　　　　　　　　　　※解答例は177ページ

下の表は「メール」と「手紙」の特徴を比較したものです。
この表を参考にメールと手紙を比較する文章を書きましょう。

「メール」と「手紙」の特徴

	メール	手紙
送るのにかかる手間	手軽	用意が必要 （切手など）
相手に届くまでのスピード	速い	遅い
書き手のぬくもり	伝わりにくい	よく伝わる （肉筆の場合）

解答欄

問題❹　　　　　　　　　　　　　　　　※解答例は 178 ページ

次の図は「論理的」と「非論理的」のイメージを比較したものです。この図が示す内容を、文章で説明してください。

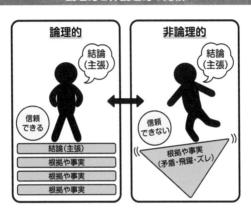

論理的と非論理的の比較

論理的　　　　　　　　**非論理的**

結論（主張）　　　　　　　　結論（主張）

信頼できる　　　　　　　　信頼できない

| 結論（主張） |
| 根拠や事実 |
| 根拠や事実 |
| 根拠や事実 |

根拠や事実（矛盾・飛躍・ズレ）

解答欄

問題⑤　　　　　　　　　※解答例は 179 ページ

次の図は短時間睡眠の「メリット」と「デメリット」を比較したものです。この図から短時間睡眠の否定文を書きましょう。

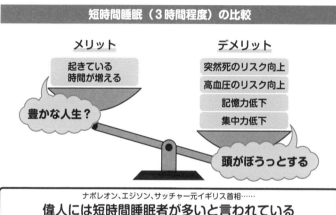

解答欄

問題❶

小学校→市役所

　小学校の正門を出て左に進みます。その後、書店の先にある歩道橋を渡り、郵便局側に下ります。郵便局を右手に見ながらまっすぐ進み、右手に接骨院のある交差点を右折。その先、右手に交番があるひとつ目の交差点を右折します。そのまま直進し、左手にあるカフェを過ぎたところ（市民ホールの手前）で左折。続いて、その先ひとつ目の交差点を右折します。すると、左手にある公園の先に市役所の正門が見えてきます。

市役所→小学校

　市役所の正門を右に出て、最初の交差点を左折します。まっすぐ進み、突き当りを右折。しばらく進み、左手に交番のある交差点を左折します。さらに、その先ひとつ目の左手前に接骨院のある交差点を左折します。直進し、郵便局の先にある歩道橋を渡って、書店側に下ります。そのまままっすぐ行くと、右手に小学校の正門が見えてきます。

フォローアップ

道順をわかりやすく説明するコツは、先を急ぎ過ぎな

いことです。Ａ地点からＢ地点まで誘導し終えたら、次はＢ地点からＣ地点という具合に、少しずつ確実に誘導していきます。「次に曲がるところに何かわかりやすい目印はある？」など、そのつど自問することによって、大事な情報の抜け落ちを防ぐことができます。

　書く前に、一度声に出して道順を説明してみるのも賢い方法です。説明したことが「下書き代わり」になり、文章が書きやすくなります。

　なお、このトレーニングはあらゆる地図で実践可能です。身近にある地図を使って挑戦してみてください。

問題❷

　このアパートの間取りは１Ｋ。玄関を入ったところが台所です。右手の玄関側から順にガス台とシンクが設置され、その先には冷蔵庫と洗濯機の置き場があります。

　一方、玄関を入って左手には脱衣所があります。脱衣所に入ると右手に洗面台があり、正面にはトイレのドア、左手に浴室のドアがあります。

　さて、洗濯機置き場の向こうへ台所を抜けると、居住スペースである洋室が広がります。ほぼ正方形の８帖。洋室の奥のガラス戸からはバルコニーへ出ることができます。また、バルコニーを背にすると、右手前方に、この部屋唯一の収納スペースであるクローゼットが備えつけられています。ひとり暮らし向けの部屋と言えるでしょう。

　部屋の位置関係をわかりやすく示すには、方向や並び順に注意を払いながら、1つひとつ丁寧に説明していく必要があります。

「1Kのアパート」と書くだけでは、読む人は、部屋の位置関係など、具体的な間取りを想像することができません。

　説明がうまいかどうかは「基準作り」にかかっています。書き手がどこに立ってどの方向を向いて語っているのかがわからなければ、読者の混乱を招きます。「玄関に入ると」から説明をスタートさせたのもそのためです。あたかも玄関から入った書き手がビデオカメラを持って歩いているように書くことで、読者が間取りをイメージしやすくなります。

　また、「全体」を伝えてから「細部」を説明すると読者の理解度が増します。解答例でも「このアパートの間取りは1K」と、まず全体を伝えています。「全体→細部」の流れは、あらゆる説明に使えるテクニックですので覚えておきましょう。

　なお、このトレーニングの成果を確かめるいい方法があります。それは、あなたが書いた文章を頼りに誰かに間取り図を書いてもらうことです。

　その人が書いた間取り図が元の間取り図通りであれば、あなたの説明文が正確だった、ということです。

　インターネットで画像検索をすると、さまざまな間取り図が出てきます。それらを利用して積極的にトレーニングしましょう。

問題❸

「メール」と「手紙」には、一長一短があります。

　メールは思いついたらその場で書けるため、手間がかからず、相手に届くまでのスピードが速いというメリットがあります。しかし、手紙に比べて「書き手のぬくもりが伝わりにくい」というデメリットもあります。

　一方、肉筆の手紙は、書き手のぬくもりが伝わりやすいというメリットがある反面、メールに比べて切手などを用意する必要があり、相手に届くまでに時間がかかるというデメリットがあります。

　料金の安さやスピードを重視したいときはメール、書き手のぬくもりを重視したいときは手紙というように、使う目的や用途に応じて、上手に使いわけましょう。

フォローアップ

　次ページの表のように、「メール」と「手紙」の特徴を見える化したうえで、それぞれのメリットとデメリットをグループ化するのもいい方法です。

　メリットは○、デメリットは△で囲みました。比較するポイントが明確になるため、論理的な文章が書きやすくなります。

「メール」と「手紙」の違い		
	メール	手紙
送るのにかかる手間	手軽	用意が必要 （切手など）
相手に届くまでのスピード	速い	遅い
書き手のぬくもり	伝わりにくい	よく伝わる （肉筆の場合）

問題❹

「論理的」と「非論理的」の違いはどこにあるのでしょうか？

論理的とは、何かしらの結論（主張）を打ち出したときに、その結論を支えるいくつかの根拠や事実が的確に示されている状態を言います。

一方、非論理的とは、その結論を支える根拠や事実がない、あるいは、それらの根拠や事実に矛盾や飛躍、ズレなどが生じている状態を言います。

根拠や事実は、結論の屋台骨です。

論理的とは屋台骨が頑丈な構造物のようなもので、非論理的とは屋台骨が軟弱な構造物のようなものです。信確実性が高いのは、もちろん前者です。

フォローアップ

「論理的」と「非論理的」の違いがどこにあるのか。そのポイントを押さえることが肝心です。理解したら、その違いを対比させる形で説明していきます。

当然ですが、**論理を損ねる記述を盛り込んではいけません**。たとえば、「そもそも論理的と非論理的の境界線を示すのは難しいものです」といった書き手の感想のようなものを盛り込んでしまうと、読者が混乱・困惑してしまいます（そもそも、この図では境界線が明確に示されています）。

論理的な文章に求められるのは「A だから B なのです」というような明確な関係性です。関係性をあいまいにしたり、ごまかしたりする記述は避けましょう。

問題❺

ナポレオン、エジソン、サッチャー元イギリス首相……偉人には、3時間程度の短時間睡眠者が多いと言われています。

しかし体質的に向いている人でもない限り、短時間睡眠は、メリットよりもデメリットのほうが大きいと言わざるを得ません。

確かに、短時間睡眠を実践できれば、その分日中の活動時間が増えます。その増えた時間を使って勉強や仕事に打ち込むこともできれば、大好きな趣味に没頭するこ

ともできるでしょう。「稼働時間が長くなる＝人生が豊かになる」という考え方が存在するのは当然のことかもしれません。

　しかし、実際に短時間睡眠を実践した場合、記憶力や集中力が低下する恐れがあるほか、高血圧や突然死のリスクも高まると言われています。

　果たしてこのような状態のまま勉強や仕事、趣味に打ち込んで、最良の成果が得られるのでしょうか？　有意義な時間を過ごしていると言えるのでしょうか？　答えは「NO」です。

　必要にして十分な睡眠を取り、頭をすっきりさせておくこと。それこそが、効率よく活動できる秘訣であり、人生に豊かさをもたらす条件のひとつではないでしょうか。よほどの理由がない限り、短時間睡眠はおすすめできません。

フォローアップ

　図の「天びん」が示しているのは、「短時間睡眠はメリットよりもデメリットのほうが大きい」という根拠です。文章化するときには、読む人を納得させる形でその根拠を伝えなくてはいけません。

　なお、この文章ですべき主張は「短時間睡眠はおすすめできません」という否定です。「メリットは○○です。しかし、デメリットは○○です」という具合に、メリット→デメリットの順番に書くのがベターです。

「短時間睡眠のデメリットは○○です。しかし、メリットは○○です」の順番にしてしまうと、短時間睡眠を肯定しているかのように受け取られかねません。

読んだ人が「短時間睡眠って怖いんだね……」と不安になるくらいの文章になっていれば合格です。

第12章のまとめ

・・・・・・

論理的な文章に求められるのは、筋道を立てて物事を説明する能力です。筋道を立てて説明するためには、**正確なインプットとアウトプットが欠かせません。**

「風が吹けば桶屋が儲かる」ということわざは、時に因果関係の弱い事柄を無理矢理つなげた「こじつけの理論」と揶揄されることがあります。文章でいう「こじつけ」とは、非論理的な文章を指します。「AだからBです」と、結論を支える根拠があるのならば納得しやすいですが、個人の感想で「できないと思います」というのは乱暴です。書き手としての信用を落としかねません。

情報をインプットするときは、物事の位置関係や対比関係、因果関係、共通点などをよく見極めましょう。

本章では図表を利用しましたが、あなたが日常で目にする光景や出来事も同じです。そこから読み取れる物事の関係性を正しく見極めることによって、論理的な文章が書きやすくなります。

第 **13** 章

卒業
トレーニング

キャッチコピー力を
つける

イラストを見て、読者ターゲット別に、伝わる言葉を考えましょう。読者ターゲットの特性や心理状態、欲求などを見極めながら、その人たちの心に刺さる言葉が見つけられるかどうかが勝負です。解答欄はそれぞれ次ページにあります。

たとえば問題❶の読者ターゲットが20代の大学生だとします。『学生最後のアツい夏は、南国で』といったキャッチコピーになります。

読者の興味や関心を引くキャッチコピーが作れるようになります。また、普段から相手を意識した言葉選びができるようになり、文章や会話を問わず、コミュニケーションがよりスムーズになります。

問題❶　　　　　　　　　　※解答欄は次ページ

南国のリゾート地を描いた旅行会社のポスターです。読者ターゲットに刺さるよう、このポスターに合うキャッチコピーをそれぞれ考えましょう。読者ターゲットは以下の❶〜❸です。

キャッチコピー

❶子育て中の30代主婦

❷50代のビジネスパーソン

❸60代の夫婦

※解答例は193ページ

❶子育て中の 30 代主婦

解 答 欄

❷ 50 代のビジネスパーソン

解 答 欄

❸ 60 代の夫婦

解 答 欄

問題❷　　　　　　　　　　　　※解答欄は次ページ

ダイエット器具メーカーのポスターです。読者ターゲットに刺さるキャッチコピーをそれぞれ考えましょう。読者ターゲットは以下の❶～❸です。

キャッチコピー

❶ふくよかな体型の 20 代独身女性
❷ふくよかな体型の子育て中の主婦
❸恰幅のよい 50 代ビジネスパーソン

※解答例は193、194ページ

❶ふくよかな体型の20代独身女性

解答欄

❷ふくよかな体型の子育て中の主婦

解答欄

❸恰幅のよい50代ビジネスパーソン

解答欄

問題❸　　　　　　　　　※解答欄は次ページ

今年創立した大学のポスターです。読者ターゲットに刺さるよう、このポスターに入るキャッチコピーをそれぞれ考えましょう。読者ターゲットは以下の❶～❸です。

キャッチコピー

❶将来、グローバルに活躍したい学生
❷将来、宇宙の仕事に携わりたい学生
❸一芸に秀でた学生

※解答例は194、195ページ

❶将来、グローバルに活躍したい学生

解 答 欄

❷将来、宇宙の仕事に携わりたい学生

解 答 欄

❸一芸に秀でた学生

解 答 欄

問題❹　　　　　　　　　　　　　　※解答欄は次ページ

ヨガスクールのポスターです。読者ターゲットに刺さるよう、このポスターに入るキャッチコピーをそれぞれ考えましょう。読者ターゲットは以下の❶〜❸です。

キャッチコピー

❶ 20 代の独身女性
❷ 小さい子どもがいる女性
❸ 子どもが独立した 50 代女性

※解答例は195ページ

❶ 20 代の独身女性

解 答 欄

❷ 小さい子どもがいる女性

解 答 欄

❸ 子どもが独立した 50 代女性

解 答 欄

解答例

問題❶

❶子育て中の 30 代主婦

案1　子どもにとっては、南国で過ごすのも学びになる！

案2　「ママ」と呼ばれる毎日はちょっとお休み！

案3　貯金よりも大切な、家族の思い出を作ろう

❷ 50 代のビジネスパーソン

案1　一流の男は、南国リゾートで英気を養う

案2　家族に愛される父親は"忙しい"を口にしない

案3　南国の空気で若返ろう

❸ 60 代の夫婦

案1　二度目のハネムーンをやり直そう

案2　子どもが巣立った今だから、2人で楽しめる旅がある

案3　苦楽を共にしてきたパートナーにご褒美を贈ろう！

問題❷

❶ふくよかな体型の 20 代独身女性

案1　夏までには間に合わせないと！

案2 結局、細いオンナが最後は笑う

案3 これで独身最後の夏にしよう

❷ふくよかな体型の子育て中の主婦

案1 「ママ、キレイになったね」と子どもに言われ
よう！

案2 新婚旅行のときの水着が、クローゼットの奥で
泣いていませんか？

案3 もう一度ダンナを振り向かせよう！

❸恰幅のよい50代ビジネスパーソン

案1 健康診断が怖くなったときが買いどきです

案2 警告！「メタボ」は「つらい老後」への特急券

案3 30年前に戻りたいあなたへ

問題❸

❶将来、グローバルに活躍したい学生

案1 4年間で世界基準を身につけよう

案2 「英語ペラペラ」より上に行きたい人を育てま
す！

案3 ここから世界のリーダーが生まれる

❷将来、宇宙の仕事に携わりたい学生

案1 「宇宙旅行時代」に活躍する人材を作る

案2 あなたの知恵と教養が、地球の外で花開く

案3　宇宙が日常になる時代。宇宙が仕事場になる時代——

❸一芸に秀でた学生
案1　出る杭になろう

案2　あなたにとっての「当たり前」が「武器」になる！

案3　大学が成績だけで人を判断すると思ったら大間違いです

問題❹

❶ 20代の独身女性
案1　いい気の流れが運気を上げる

案2　健康的な女子がモテる時代

案3　ヨガで、身も心も"いいオンナ"になる！

❷小さい子どもがいる女性
案1　産後のからだの歪みはヨガで直そう

案2　毎日のストレスを、ヨガにぶつけよう！

案3　ヨガでイライラ解消！

❸子どもが独立した50代女性
案1　子育てが終わったら、ヨガをしよう

案2　美肌は汗をかいているオンナに宿る

案3　オトナの美は、オトナのやり方で作る

　キャッチコピーを作るときは、ターゲットを具体的かつ明確に設定することが重要です。不特定多数に向けたキャッチコピーよりも、読み手が「これは私だけに向けたメッセージだ」と感じる言葉のほうがターゲットの心を動かすことができます。

　問題❷の「警告！」というように恐怖心をあおったり、問題❸の「４年間で」というように数字を入れて具体性を高めたりすることで、読み手の興味や関心を引くキャッチコピーになります。

　また、長いキャッチコピーは、読み手の目にとまりません。簡潔に、わかりやすい言葉で表現することを心がけましょう。

第13章のまとめ

. . . . . .

卒業トレーニングは、お楽しみいただけましたか？
なぜキャッチコピーが卒業問題なのでしょうか？

それは、**短い言葉で瞬間的に読む人の気持ちをキャッチする……これが究極の文章術**だからです。気持ちをキャッチするためには、読者の顔と心が見えていなければいけないだけでなく、言葉や表現方法を選ぶ力も必要です。ほかにも、発想力やユーモア、旺盛なサービス精神も求められます。

キャッチコピーがうまい人は、総じて文章もうまいのです。キャッチコピーを作るプロセスで、文章作成に必要な筋肉が総合的に鍛えられるため、積極的にトレーニングをする価値があるのです。

街の看板やテレビ CM、インターネット、チラシやポスター、カタログなど、日常生活を送る中で、私たちはさまざまなキャッチコピーに遭遇します。あまり心が動かされないキャッチコピーを目にしたときには、その理由を考えると同時に、それを上回るキャッチコピーを考えてみましょう。

おわりに

　ここまで、お楽しみいただけましたか？

　答えが「YES」だとしたら、あなたの文章力は確実にアップしているはずです。

　なぜなら、本書で用意した問題の1つひとつに、文章力の土台を固めるエッセンスが含まれているからです。

　文章作成は、映画作りに似ています。いくら脚本がよくても役者の演技が下手なら、作品は台なしです。

　逆に、いくら役者が素晴らしくても脚本に魅力がなければ、これまた作品は台なしです。

　脚本と役者だけではありません。監督や演出、映像や音楽、美術など、ひとつとして疎かにしていいものはありません。映画が「総合芸術」と言われるゆえんです。

　文章も同じです。いくら文法が正しくても構成がよくなければ、読む人に正しく伝わりません。そもそも内容が薄ければ、文章として「いい」とは言えません。

　ほかにも、言葉の選び方や文体、誰に向けて書かれた文章なのか、どんな目的で書かれた文章なのか……そうした1つひとつが、文章のクオリティを左右します。映画同様、疎かにしていいことなどひとつもないのです。

　私が本書の執筆を決意した理由もそこにあります。文

章作成に必要な各パートの基礎を固めることができれば、確実に文章力アップを図ることができます。

今はまだその効果を実感していない人も、これから起きる変化を楽しんでください。本書で紹介したトレーニングを反復することによって、じわじわと文章力が磨かれていくはずです。

私は本書のような問題に取り組んできた人たちが飛躍的に文章力を伸ばしていく姿を、幾度となく目にしてきました。

文章力が伸びると、書き手自身のセルフイメージが上がり、その言動にも変化が表れます。また、文章力は「伝える力」でもあるため、自分の想いや情報を他人に理解されやすくなるほか、好意や共感、信頼を寄せられる機会も増えていきます。

それらの「成果」は、その人自身の仕事やプライベート、ひいては生き方にまで大きな影響を及ぼし、目標や夢を達成するスピードが速まるでしょう。

どうかあなたも「文章力」という名の武器に磨きをかけて、自分を取り巻く環境を一変させてください。あなたが変化すれば、目の前に広がる世界も必ずいい方向に変化します。

本書は既刊本『問題を解くだけで　すらすら文章が書けるようになる本』の新装版です。

私は、これまで20冊以上の「文章の書き方の本」を執筆してきました。しかし、読者に実際に手を動かして文章を書いてもらうワーク形式を取り入れたのは本書1冊だけです。

　読者からは「問題を解くだけで本当に文章がすらすらと書けるようになりました！」という嬉しい報告をたくさんいただきました。

　この新装版では、書き込みしやすいよう判型（本の大きさ）を大きくするほか、ページデザインなども読みやすく刷新。一部新たな問題を加えるなどしてリニューアルしました。

　ひとりで取り組めるようになっていますが、ご家族やご友人、会社の仲間と一緒に取り組んで、お互いに書いた文章をチェックし合う方法もおすすめです。

「伝わらない」は、悲劇です。

　もしも本書の効果を実感したときは、子どもや大人を問わず、周囲の人たちに本書でお伝えした考え方やノウハウ、そして、さまざまなトレーニング法をシェアしてください。

　言いたいことをわかりやすく他人に伝えることができる人が増えれば、この世の中は今よりもずっと明るいものになるでしょう。

私たち１人ひとりの力で、その世界を現実のものにしていきましょう。

　最後になりましたが、本書の執筆者として私に白羽の矢を立て、企画段階から温かくサポートしていただいた総合法令出版の皆様に心から感謝を申し上げます。
　また、私の精神的な支柱である妻の朋子と娘の桃果にもお礼を言わせてください。いつもありがとう。

　さて、あなたの世界はすでに変わり始めています。
　身体全体で「伝わる喜び」を感じながら、あなたらしい文章を書いていきましょう。
　大丈夫です。
　自信を失いかけたり、迷ったりしたときは、いつでも本書が味方になります。

　本書は、あなたの手によってボロボロになるまで使い倒されることを望んでいます。

2021 年秋　山口拓朗

山口拓朗（やまぐち・たくろう）

伝える力【話す・書く】研究所所長
山口拓朗ライティングサロン主宰

1972年生まれ。出版社で編集者・記者を務めたのちに独立。25年間で3500件以上の取材・執筆歴がある。現在は執筆活動に加え、講演や研修を通じて「論理的なビジネス文章の書き方」「好意と信頼を獲得するメールの書き方」「売れるセールス文章＆キャッチコピーの作り方」「集客につなげるブログ発信術」など実践的ノウハウを提供。2016年からは300万人のフォロワーを持つ中国企業「行動派」に招聘され、中国の6大都市で「Super Writer養成講座」を定期開催中。

著書に『「9マス」で悩まず書ける文章術』（総合法令出版）、『伝わる文章が「速く」「思い通り」に書ける 87の法則』（明日香出版社）、『9割捨てて10倍伝わる「要約力」』（日本実業出版社）、『会社では教えてもらえない ムダゼロ・ミスゼロの人の伝え方のキホン』（すばる舎）などがある。文章作成の本質をとらえたノウハウは言語の壁を超えて高く評価されており、中国や台湾、韓国など海外でも翻訳されている。

●山口拓朗公式サイト　http://yamaguchi-takuro.com/

視覚障害その他の理由で活字のままでこの本を利用出来ない人のために、営利を目的とする場合を除き「録音図書」「点字図書」「拡大図書」等の製作をすることを認めます。その際は著作権者、または、出版社までご連絡ください。

1日1分で文章が勝手にうまくなる本

2021年11月24日　初版発行

著　者　山口拓朗
発行者　野村直克
発行所　総合法令出版株式会社
　　　　〒103-0001 東京都中央区日本橋小伝馬町 15-18
　　　　EDGE 小伝馬町ビル 9 階
　　　　電話　03-5623-5121
印刷・製本　中央精版印刷株式会社

落丁・乱丁本はお取替えいたします。
©Takuro Yamaguchi 2021 Printed in Japan
ISBN 978-4-86280-823-3
総合法令出版ホームページ　http://www.horei.com/